Andrea & Harald Hesse

Glücksorte am Chiemsee

Fahr hin & werd glücklich

Dieses

Glücksbuch

ist für

Liebe Glücksuchende,

wenn Abwechslung der Schlüssel zum Glück ist, dann ist dieses Buch ein Glücksgriff, eine wunderbar abwechslungsreiche Reise zu unseren 80 ganz persönlichen Glücksorten am Chiemsee.
Als wir anfingen, dieses Buch zu schreiben, haben wir mit keinen allzu großen Überraschungen mehr gerechnet. Wir leben seit über 30 Jahren in München und waren in dieser Zeit mit und ohne Kinder gefühlt ein paar hundert Male am Bayerischen Meer und im Chiemgau unterwegs – auf den Bergen, in den Tälern, auf und im Wasser. Auch zwei herrliche Urlaube haben wir hier verbracht.
Nun, wir wurden überrascht. Und wie! Und wir haben hautnah erfahren: Glück ist kein Ort. Es ist ein Gefühl, das in der Begegnung mit Menschen und Orten immer wieder aufs Neue entsteht.
80 Glücksbotschafter haben wir um den Chiemsee herum gefunden. Sie haben uns glücklich gemacht.
Ein arabisches Sprichwort lautet: „Folge den Spuren des Glücklichen, und Du wirst glücklich werden.“ Dieses Buch ist ein Routenplaner für Glücksorte am Chiemsee.

Gute Reise!

Andrea & Harald Hesse

GLÜCK

Deine Glücksorte ...

... noch mehr Glück für dich

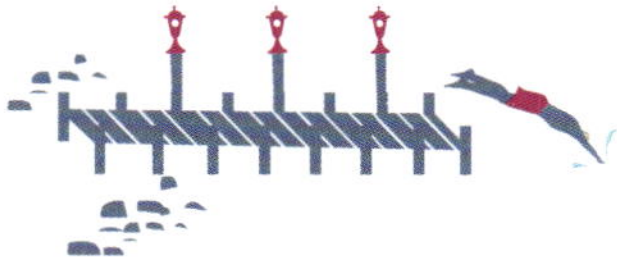

Bestens behütet!

1 Hut Brunhuber in Prien am Chiemsee

Prien hat verdammt viel Glück, was die wenigsten wissen. Dabei hat dieses Glück seit vielen Jahren einen festen Platz im Herzen der Marktgemeinde. Dort, wo die Alte Rathaus- in die Seestraße übergeht und die Bernauer Straße beginnt, schräg gegenüber der Pfarrkirche. Und dieser Glücksort hat auch einen Namen, einen mit über 150-jähriger Tradition: Hut Brunhuber. Nun mag man sich verwundert fragen, was ein Hutgeschäft mit Glück am Hut hat. So einiges: Es ist noch nicht allzu lang her, da gab es Hutmacher (vormals Putzmacher, heute Modisten) in fast jedem Ort. Sie gehörten zum Stadtbild wie Bäcker oder Schneider. Zwischen 1850 und 1950 ging kaum ein Mensch oben ohne auf die Straße, hutlos fühlten Mann und Frau sich nicht richtig angezogen. Dann kamen die 68er, und die machten den schmucken Kopfbedeckungen so richtig Beine. Die sichtbarste Folge: Erst verschwanden die Hüte, dann die Hutgeschäfte. Nicht so in Prien. Bis heute gibt es hier eine erfahrene Modistin – in heutigen Zeiten ein seltenes Glück! In vierter Generation werden in Brunhubers Werkstatt, die hinterm Verkaufsraum liegt, individuelle Hüte nach Maß und von Hand gefertigt. Wer ihr dabei über die Schulter schaut, staunt: Hier dampft, zischt und blubbert es, bringen sich uralte Minibügeleisen für ihren Einsatz auf Temperatur, tackert die Nähmaschine, während sie einen Hut mit einer Kordel garniert. In den Regalen stapeln sich Hutstumpen (Rohlinge), Frauen- und Herrenhüte, selbst gemachte sowie zugekaufte von Mayser über Stetson bis Bullani. Seit 17 Jahren leitet Monika Voggenauer das Geschäft, in dem sie vor 40 Jahren als Auszubildende begann. Jährlich stellt sie hier in liebevoller Feinarbeit einige Exemplare des berühmten „Priener Huts“ her, der Ende des 19. Jahrhunderts von Anna Brunhuber an dieser Stelle erfunden worden war. In den 20er-Jahren übernahmen ihn die Trachtenvereine in ihre regionale Tracht. Und bis heute belebt er das Hutgeschäft. Dolle Erfindung. Hut ab!

TIPP

Der Priener Hut hat es bis ins Heimatmuseum geschafft, nur wenige Meter vom Hutladen entfernt.

Hut Brunhuber, Seestraße 2, 83209 Prien
www.hut-brunhuber.de

Erfrischende Leichtigkeit

2 Alzbad in Truchtlaching

Sommerzeit ist Badezeit. Wenn die strahlende Sonne hoch am weißblauen Himmel steht und das Thermometer zu Höchstleistungen treibt, gibt es kaum etwas Schöneres als einen Sprung ins kühle Nass. Wie geschaffen dafür ist der malerisch gelegene Chiemsee, mit seiner 64 Kilometer langen Uferlinie der größte Swimmingpool Bayerns. Schnelle Abkühlung versprechen aber auch die rund dreißig weiteren Seen in unmittelbarer Umgebung des Bayerischen Meeres. Ein ganz besonderes Badevergnügen finden Wasserfrösche und Badenixen hingegen im fünf Kilometer nördlich von Seebruck gelegenen Alzbad in Truchtlaching, dem einzigen Flussstrandbad weit und breit. Ganz gemächlich schiebt sich die Alz in einem großen Bogen durch das 1000-Seelen-Dorf im Landkreis Traunstein. Gleich neben der ehemaligen Zollbrücke und vis-à-vis der gotischen Kirche St. Johann Baptist (Baujahr 1435), die mit ihrem Zwiebelturm der sichtbare Mittelpunkt Truchtlachings ist, hat es sich das Alzbad mit großer schattiger Liegewiese und Kinderspielplatz am Ufer bequem gemacht. Der barrierefreie Zugang ist ganzjährig möglich, der Eintritt kostenlos. Über einen der vier Badestege oder flache Treppenstufen können sich Schwimmfreunde sanft ins langsam fließende Wasser gleiten und entspannt treiben lassen. Schon nach wenigen Minuten spürt man das „Wie-ein-Fisch-im-Wasser"-Feeling aufsteigen, eine Leichtigkeit des Seins, die den Badespaß in ein einzigartiges Badeerlebnis verwandelt. Beim Rückweg hat man dann die Wahl: entweder gegen die leichte Strömung oder über den Uferweg. Auch fürs leibliche Wohl ist im Alzbad gesorgt. Ein Kiosk lockt von Mai bis September bei schönem Wetter mit frischem Kaffee und Kuchen sowie mit kleinen Speisen, kühlen Getränken und Eis. Auch Fans gesunder Ernährung kommen auf ihre Kosten: Nur einen Steinwurf entfernt, gleich gegenüber vom Alzbad, ist das Truchtlachinger Ladl. Hier gibt es Obst, Gemüse, Wurst und Käse, vieles davon aus der Region und bio. Alzbad-Zeit ist Glückszeit.

TIPP

Einen Katzensprung vom Alzbad entfernt ist die Brauerei Camba Bavaria, ein Eldorado für Craft-Beer-Liebhaber.

● Alzbad Truchtlaching, Wehrländer Straße 1, 83376 Truchtlaching
www.seeon-seebruck.de/baeder

Ein Gedicht von Käse

3 Anderlbauer Hofladen in Frasdorf

Wer die Gemeinde Frasdorf im Chiemgau besucht, trifft unweigerlich auf den Anderlbauer Hofladen. Daran führt kein Weg vorbei. Er liegt am Ortsanfang bzw. Ortsende, je nachdem aus welcher Richtung man sich ihm über die Hauptstraße nähert. Von außen fällt er nicht gleich auf, dafür entpuppt er sich im Innern als eine Schatz- und Geschmackstruhe voller naturbelassener und hochwertiger Lebensmittel. Doch zunächst springt einem die gläserne, hell erleuchtete Verkaufsvitrine ins Auge, die mit rund 20 verschiedenen Käsesorten aus Schaf-, Ziegen und Kuhmilch aus der eigenen Käserei befüllt ist. Vom cremigen Camembert über den würzigen Bergkäse und feinen Frischkäse bis zum – Achtung, ein echter Geschmackshammer! – Heublumenkäse. Dass hier alles bio ist, ahnt man, dass sämtliche Käsesorten nach alter Handwerkskunst hergestellt und von Hand geschöpft sind, erfährt man spätestens von Margarita Huber. Sie kennt die Geschichten hinter jedem Käse – woher die Milch stammt, welchen Charakter die Sorten haben und was der Mantel aus Lavendel, Ringelblume, Rosmarin und weiteren Kräutern geschmacklich bewirkt. Sie muss es auch wissen, schließlich ist der Käser und Landwirt Johann Huber junior ihr Mann, dessen Handschrift alle Käse tragen, die er unter der Marke Anderlbauer verkauft. Der Name des Ladens geht auf den Bauernhof „Beim Anderl" (bayerischer Kurzname für Andreas) zurück, der sich seit 1665 im Besitz der Familie Huber befindet. Huber junior stellte 1992 den elterlichen Betrieb von Kühen auf Milchschafe um. Drei Jahre zuvor war er dem ökologischen Anbauverband Bioland beigetreten. Aus Überzeugung: Wirtschaften im Einklang mit der Natur lautet seine Philosophie. Und das schmeckt man! Beim Käse, aber auch beim Fleisch und der Wurst von den selbstgeschlachteten Lämmern und Schafen. Hausgemachte Marmeladen, Biohonig, Obstessig und Apfelwein ergänzen das Angebot. Alles von Hand und mit Liebe gemacht. Der Anderlbauer Hofladen ist ein kulinarischer Ort und Hort der Glückseligkeit.

TIPP
Ein paar Meter weiter bei EDEKA gibt's Heumilch aus der Region, die schmeckt, wie Milch schmecken sollte.

- Anderlbauer Hofladen, Hauptstraße 4, 83112 Frasdorf
www.anderlbauer.de
- ÖPNV: Bus 9494, Haltestelle Frasdorf Bahnhof

HUBER JOHANN
HAUPTSTRASSE 4
Chiemgauer Käsereiprodukte
83112 Frasdorf
ANDERLBAUER
ANDERLBAUER

Ein See für viele Fälle

4 Hartsee bei Eggstätt

Der Hartsee bei Eggstätt ist wie ein Big Mac XL. Ein vielschichtiger Glücksort, der mit mehreren Glücksebenen überzeugt. Zunächst ist er der zweitgrößte aus einer Gruppe von bald 20 Seen der Eggstätt-Hemhofer-Seenplatte und damit Teil des ältesten Naturschutzgebiets in Bayern. Darauf – das kann man sagen – sind die Einheimischen mächtig stolz. Sodann stellt der Hartsee ein sehr entspanntes Kontrastprogramm zum sechs Kilometer entfernten Chiemsee mit seinem Jubel-Trubel-Heiterkeits-Wasserzirkus dar. Wer es lieber ruhig und beschaulich mag, der ist an den Gestaden des Hartsees genau richtig. Denn baden kann man auch hier: im idyllisch gelegenen Freibad mit Holzsteg und schwimmender Badeinsel inmitten herrlichster Natur. Zudem ist das Freibad mit großzügigen Liegewiesen bestens bestückt, eine Fläche mit voller Sonnenbetankung, eine mit halbschattigen Ecken oder auf dem zum See hin abfallenden Gelände mit hohem Baumbestand. Etwas landeinwärts, der See ist gerade außer Sicht, runden einige Sportstätten das dortige Freizeitangebot ab: Zwischen Beachvolleyball, Fußball, Tischtennis, Minigolf und reinem Kinderspielplatz kann man wählen. Und wer nach erfrischendem Bad oder locker-flockigem Kick Durst oder Hunger verspürt, der geht einfach zum Kiosk. Soll es dagegen etwas gemütlicher und geselliger zugehen, kann man, wiederum nur wenige Schritte vom Wasser entfernt, beim Hartsee-Stüberl einkehren: im urgemütlichen Gastraum, im sonnigen Biergarten oder auf der geschützten Sonnenterrasse. Doch damit immer noch nicht genug: In anderthalb bis zwei Stunden lässt sich der See einfach und lässig umrunden. Direkt am Strandbad geht's los. Der Weg führt ohne nennenswerte Steigungen durch einen kleinen Wald, vorbei an schilfbewachsenen Ufern und üppigen Seerosenfeldern. Auch eine Art, in der Natur zu baden, allerdings trockenen Fußes und erquickend für Herz und Seele. Ja, der Hartsee ist anders – wie ein Big Mac XL.

- Hartsee, Lehrer-Hager-Straße 6, 83125 Eggstätt
  www.seen.de/hartsee
- ÖPNV: Buslinie 9480, Haltestelle Eggstätt Kirche

In luftigen Höhen

5 Kampenwandseilbahn in Aschau

Man muss auf der Suche nach einem geeigneten Glücksort nicht gleich um die ganze Welt reisen. Dafür reicht es vollkommen aus, mit einer der betagten Vierergondeln der Kampenwandseilbahn von Aschau bequem bergaufwärts zu schweben. Im gemütlichen 30-Sekunden-Takt, damit bleibt hinreichend Zeit fürs Ein- und Aussteigen, bewegen sich die nostalgisch anmutenden roten und gelben Kabinen auf ihrer Zweiseil-Umlaufbahn. Dabei hängen die Gondeln an einem Tragseil, während sie von einem Zugseil angetrieben werden. Fast nichts lässt die vor 65 Jahren gebaute Bahn ihren gewohnten Rhythmus verlieren. Allenfalls bei starken Windböen legt sie eine kurze Verschnaufpause ein, worüber gegebenenfalls das automatische Infotelefon (08052-9064420) auf dem Laufenden hält. Ansonsten kennt die Kampenwandseilbahn – außer zu nachtschlafender Zeit – so gut wie kein Halten: Sommers wie winters ist sie aktiv, wenngleich die Betriebszeiten saisonal ganz leicht schwanken. Ist man erst mal drin, geht's „aufi" zu der auf 1467 Meter liegenden Bergstation. Traumhaft schöne 14 Minuten lang. Die reichen für die 2480 Meter lange Strecke und den Höhenunterschied von 821 Metern. Glücklicherweise gibt es in den Kabinen keine Lautsprecher. So kann man die noch relativ unverbaute Naturkulisse in friedlicher Stille und vollen Zügen durchs Gondelfenster genießen. Ein Rundum-Erlebnis, das man nicht mehr vergisst. An landschaftlichen Reizen wird unterwegs wahrlich nicht gespart. Da fällt der weitreichende Blick zunächst auf den Eingang zum Oberen Priental mit seinem im letzten Drittel des 12. Jahrhunderts erbauten Schloss Hohenaschau, um sich wenig später fürs Voralpenland mit Chiemsee und oberbayerischer Seenplatte zu weiten. Und dann, inmitten luftiger Höhen zwischen den Bergen und Seen des Chiemgaus, will es scheinen, als fielen alle irdischen Fesseln von einem ab. Ja, hier fliegt das Glück gondelweise mit.

TIPP

Von Mai bis Oktober kann man auf der SonnenAlm den Berg-Brunch buchen.

● Kampenwandseilbahn, An der Bergbahn 8, 83229 Aschau im Chiemgau
www.kampenwand.de

19

Campanile des Chiemgaus

6

Glockenturm von Kloster Frauenchiemsee

Die Fraueninsel hat wirklich Glück gehabt, denn eigentlich dürfte es ihren Glockenturm gar nicht geben. Frei stehende Türme mit Geläut (Campanile) und ohne Verbindung zur nebenstehenden Kirche findet man fast nur in Italien. Dafür sind seine Verwandten bestens bekannt: Venedigs Campanile di San Marco und Pisas Schiefer Turm. In deutschen Landen trifft man solche Solisten nur ganz selten an. Eine Ausnahme bildet der achteckige Kamerad, der die Baumwipfel der Fraueninsel überragt. Mit zwei Meter dicken Mauern und knapp neun Meter Durchmesser reckt und streckt er sich seit dem zwölften Jahrhundert himmelwärts. Zunächst glockenfrei. Auch mit der Kirche nebenan hatte er nichts zu tun. Die einzige Aufgabe war: Als Wehr- und Fluchtturm die Insel und ihre Bewohner vor üblen Gesellen zu schützen. Erst ein- oder zweihundert Jahre später, vermutlich im 13. oder 14. Jahrhundert, man weiß es nicht so genau, wurde er, als es in Mode kam, zu einem Glockenturm mit ordentlichem Geläut auf dann 36 Meter Höhe ausgebaut. Viele Jahre später, so um 1626 herum, bekam er schließlich die überaus mächtige barocke Zwiebelkuppel aufgesetzt, die er bis heute trägt und die mit Abstand zu den ältesten in ganz Bayern zählt. Natürlich war der Turm schon vorher behelmt, sogar mehrfach: Nur einmal fegte dem bayerischen Campanile ein äußerst gewaltiger Sturm das Dach vom Haupte, und zwei weitere Male binnen 80 Jahren wurde sein Oberstübchen Opfer züngelnder Flammen. Erst nach diesen leidigen Erfahrungen hat man ihm die berühmte dickbauchige Haube verpasst, die ihn zum Wahrzeichen der Fraueninsel und des Chiemgaus gemacht hat. Welch ein Glück für die wenigen Insulaner und vielen Besucher, dass es diesen weithin sichtbaren Campanile gibt, der sich von fünf Uhr morgens bis spätnachts alle Viertelstunde wohlklingend zu Wort meldet. Und wer die Augen schließt und den Klang fühlt, der bekommt spürbar von diesem Glück etwas ab.

- Campanile, 83256 Frauenchiemsee
- ÖPNV: Chiemsee-Schifffahrt, Haltestelle Fraueninsel

Lichtpalast am Wasser

7 Sallers Badehaus in Bernau

Eins ist sicher: Sallers Badehaus in Bernaus Ortsteil Felden fällt auf. Allein schon durch den architektonischen Stil, der auf die alte Badehauskultur anspielt. Im 19. Jahrhundert traf sich die gehobene Gesellschaft im Sommer in Kurorten, um sich im Badehaus therapeutischen Wasser- oder Trinkkuren zu unterziehen. Das Sehen und Gesehenwerden war dabei mindestens ebenso wichtig. Das steht beim Besuch von Sallers Badehaus zwar nicht im Vordergrund, aber zu sehen gibt es hier auch eine ganze Menge. Den Chiemsee natürlich, dessen Ufer nur wenige Schritte vom Gebäude entfernt liegt; so nah, dass man das Badehaus auf über 250 Holzpfählen erbaute, damit es ganz sicher keine „nassen Füße" bekommt. Die malerische Landschaft aber, in die das Seerestaurant mit Café und Bar eingebettet ist, erkennt man erst im zweiten Obergeschoss, einer Glaskuppel, die überm Badehaus thront und einen 360-Grad-Rundumblick auf die Chiemgauer Berge im Süden und das Bayerische Meer im Norden gewährt – ein Traum. Lässt man den ersten Stock, der Raum für 150 Gäste hat, hinter sich, entdeckt man im Parterre des seit März 2017 von Christine und Christian Saller geführten Badehauses ein „saugemütliches" Wirtshaus mit 60 Plätzen. In der alpenländisch geprägten Küche wird, soweit möglich, mit regionalen Produkten gearbeitet. Qualität ist hier Trumpf, was sich auch bei den Getränken zeigt. Wer lieber zum Wein greift, darf sich auf eine feine Auswahl freuen. Der Lieferant ist Kenner der Materie, besitzt eigene Weingüter und ist Sommelier, die Karte jedenfalls verspricht viel Genuss im Glas. Zum Verlieben ist aber der sich zum See hin öffnende Wintergarten mit Kaminofen (ca. 100 Plätze): bei schönem Wetter ein gläserner Tempel des Lichts, bei Sonnenuntergang ein Gedicht. Und wem das immer noch nicht reicht: Vorm Haus befinden sich zwei richtig schöne Biergärten. Wo man sich hier am Ende auch niederlässt, drinnen oder draußen, überall hat man das Gefühl, frei zu sein – das ist Glück.

● Sallers Badehaus, Rasthausstraß3 11, 83233 Bernau am Chiemsee
www.sallers-badehaus.de

Ein Hauch Ewigkeit

8 Sebastianskapelle bei Eggstätt

Wenn man von Gstadt oder Breitbrunn ins fünf Kilometer nordwestlich vom Chiemsee gelegene Eggstätt kommt, sieht man sie unweigerlich: die Sebastianskapelle. Ein Kirchlein des Glücks, das augenscheinlich aus jedem gewohnten Rahmen fällt: Ganz nackt, ohne Firlefanz, von schlichter Eleganz und robuster Natur steht es da mitten auf freiem Feld, das Sebastian Plankl gehört. Mit seiner Familie betreibt er gleich nebenan den „Bewegungsstall Beim Spirn", der 2013 auf der größten Pferdesportmesse der Welt, Equitana, die höchste Auszeichnung für artgerechte Pferdehaltung erhielt. Plankl war es auch, der die Kapelle – sie trägt seinen Vornamen – geplant und errichtet hat. Drei Jahre hat er dafür gebraucht. Fix und fertig war sie im Januar 2008, nachdem sie vom katholischen Pfarrer Peter Bergmaier und dem evangelischen Kollegen Martin Popp-Posekardt geweiht worden war. Die massiven Eichenblöcke unterschiedlicher Länge schnitt er an Ort und Stelle mit einer Säge aus einem mächtigen Baum heraus. Zwölf Stück an der Zahl, in Anspielung auf die zwölf Apostel. U-förmig bilden die Stelen einen überdachten, aber dennoch offenen Raum, der Passanten – Wanderer und Radfahrer, Einheimische wie Touristen – willkommen heißt. Zwölf Eichenquader dienen als Hocker, die viel Platz zum Verweilen und Entspannen bieten. Der herausragende Mittelpunkt der Eichenkapelle ist ein sieben Meter hoher viereckiger und mit einem Kreuz auf der Spitze versehener Turm, den Sebastian Plankl aus einer anderthalb Meter dicken Eiche herausschälte. Der Baum, den er dafür hernahm, war so schwer, dass man elf (!) Traktoren für den Transport benötigte. Angetrieben hat den Baumeister seine Dankbarkeit über die Ankunft seines ersten Kindes. In den Kapellenturm ist für jeden Spross eine Glocke eingelassen, vier sind es bislang. Auch wenn man die Geschichte hinter der Sebastianskapelle nicht kennt, sie zieht einen sofort in ihren sakralen Bann, zu sich hin, in sich hinein – von einem Hauch Ewigkeit umhüllt.

● Sebastianskapelle, 83125 Eggstätt, Chiemseestraße Richtung Weisham, auf der Höhe vom Bewegungsstall Beim Spirn (Hausnummer 25a)
● ÖPNV: Linie 9511, Haltestelle Eggstätt Kirche

Einmaliges Naturwunder

9 Tiroler Achendelta bei Grabenstätt

Manche Menschen empfinden es als pures Glück, wenn sie sich in unberührter Natur bewegen. Wenngleich man diese Orte heutzutage immer länger suchen muss, gibt es doch auch Ausnahmen. Mitunter liegt die Wildnis sogar direkt vor der Haustür – der eigenen oder der des Urlaubsquartiers. Im Südwesten des Chiemsees zum Beispiel, im Achendelta. Die Tiroler Achen, die in Österreich noch Großache heißt, ist ein Wildfluss, der in den Kitzbühler Alpen entspringt und nach 79 turbulenten Kilometern über Stock und Stein bei Grabenstätt als größter Zufluss im Chiemsee landet. Aus der Luft erkennt man Auwälder, Moosflächen und ein Gewimmel aus Haupt- und Nebenarmen, die sich an Schlamm- und Kiesbänken vorbei durchs Mündungsdelta schlängeln. Seit 1954 ist das Achendelta ein Stück geschützte Natur. Seither entfaltet es sich völlig frei von Menschenhand. Und wie! Ganz nebenbei spült der Tiroler Achen jahraus, jahrein tonnenweise Kies, Sand und Schwebstoffe heran, die sich hier, von der langen Reise erschlafft, ablagern. Auf diese Weise wächst das Delta jährlich um eine Fläche von 100 mal 100 Metern. Während einige Zeitgenossen deshalb schon Panik schieben, weil sie Pi mal Daumen damit rechnen, dass ihr geliebter Chiemsee in etwa 8000 Jahren komplett verlandet ist, genießen Fauna und Flora die paradiesischen Zustände. An die 100 Vogelarten haben hier ihr Rückzugsgebiet gefunden, wo sie ungestört brüten können, rund 30 davon findet man nur an diesem Ort. Auch äußerst seltene Pflanzen wie der Straußfarn fühlen sich in diesem Biotop so richtig heimisch. Damit dieses Naturwunder auch eins bleibt, steht das Achendelta seit 1986 unter besonderem Schutz. Menschen ist hier der Zutritt verboten. Nur von den Beobachtungstürmen Lachsgang/Übersee und Hirschauer Bucht aus kann man einen staunenden Blick in diesen Glücksort werfen. Mit einer Ausnahme: Mehrmals jährlich finden geführte Natur-Erlebnisbootsfahrten (Anmeldung erforderlich!) bis ans Delta statt. Näher geht nicht! Und das ist gut so!

● Beobachtungsturm Lachsgang (vom Strandbad Übersee ca. 30 Gehminuten) und Hirschauer Bucht, Hirschauer Bucht 1, 83355 Grabenstätt
www.chiemseeagenda.de/natur-erlebnis-chiemsee/beobachtungsstationen
● ÖPNV: Chiemseeringlinie 9586, Haltestelle Hirschauer Bucht und Haltestelle Feldwies Dampfersteg

Schiff ahoi!

10 Bootsverleih Andreas Jell in Breitbrunn

Schon ein einziger Tag auf dem Chiemsee ist wie Urlaub. Man kann sich treiben lassen. Ins Wasser springen. Abschalten. Mehr braucht es eigentlich nicht, um glücklich zu sein. Doch fürs vollkommene Glück braucht es noch eins: ein Boot. Und das gibt es beim Bootsverleih Andreas Jell in der Mühlner Bucht bei Breitbrunn. Der ist zwar nicht der einzige Verleiher am bayerischen Meer, aber der am idyllischsten gelegene. Ohne Chichi, nicht überlaufen und herrlich ruhig. Dort, wo die Seestraße auf die Anlegestelle der Lastenfähre trifft, die zwischen Herreninsel und Festland pendelt, ist auf der linken Seite Jells Terrain. Eine Parzelle saftig-grüner Wiese, ein in den See stakender Steg neben einer alten Weide, in der er schon als Kind herumgeklettert ist, davor ein in die Jahre gekommener Kasten, der wohl die Stromversorgung sichert. Auf dem steht in verblassten Buchstaben „Bootsverleih", darunter ein pinkfarbener Zettel mit der handschriftlichen Notiz: „Wir sind telefonisch zu erreichen unter 0172-9301007". Über den Rasen verteilt sieht man unterschiedliche Bootstypen. Insgesamt 16 davon gehören Andreas Jell. Allesamt leicht auszumachen, sie tragen seinen Namen am weißen, gelben, roten oder grünen Rumpf: Segelboote, Elektroboote, Tretboote mit Sonnenschutz, Ruderboote, Kajaks und Kanadier. Drei liegen einsatzbereit am Ufer, das Heck im Wasser, den Bug an Land. Vorbestellen kann man stunden- oder auch gleich tageweise. Einige Stammgäste leihen sich ihr Boot bei ihm bereits seit 30, manche sogar schon seit 40 Jahren aus. Die kannten Andreas Jell schon als kleinen Jungen, der seinem Vater assistierte. Bis heute ist der Bootsverleih der ideale Ausgangspunkt für Ausflüge zu Wasser. Etwa zu der nur einen Kilometer entfernten Herreninsel. Oder zur Fraueninsel, die man in 20 Minuten mit dem Elektroboot erreicht. Noch besser: zur unbewohnten Krautinsel zum Baden. Schiff ahoi! Dieser Bootsverleih ist jedenfalls ein Glücksort, und die Fahrt mit einem der Boote der reinste Glücksbooster. Was gibt es Schöneres!

- Bootsverleih Andreas Jell, An der Seestraße (auf der Höhe von Hausnr. 43), 83254 Breitbrunn, www.bootsverleih-chiemsee.com
- ÖPNV: Buslinie 9520, Haltestelle Breitbrunn Ortsmitte

TS-8214
BREITBRUNN
BREITBRUNN
0172 | 950 100 7

Aus dem Vollen schöpfen

11

Skulptur im Kurpark in Seebruck

Wenn es einen Ort am Chiemsee gibt, der das Gütesiegel Malerwinkel verdient, dann Seebruck. Nirgends sonst hat man einen so fulminanten Blick über die gesamte Weite und Breite des Bayerischen Meeres und auf die sich dahinter auftürmenden Alpen. Eine Kulisse, vor der man am Ufer – baff erstaunt – zu ahnen beginnt, was so manchem bayerischen Politiker vorschwebt, wenn er von Heimat spricht. Darüber hinaus beherbergt Seebruck den größten Yachthafen und das vielleicht schönste Strandbad am ganzen Chiemsee. In direkter Nachbarschaft davon entfaltet sich auf einer Landzunge der kleine Kurpark – von hochgewachsenen Bäumen umschlossen und mit Parkbänken versehen, die eine höfliche Distanz zueinander wahren. Doch inmitten der idyllischen Grünanlage bleibt das Auge plötzlich an etwas hängen, das man eher im schottischen Loch Ness vermuten würde, nicht am Chiemsee: Nessie! Gerade scheint der Langhals seinen Kopf aus dem Rasen zu strecken, dann taucht auch noch ein zweiter Dino auf. Jurassic World in Seebruck? Nur wenige Schritte weiter löst sich die Irritation in Wohlgefallen auf, die Urviecher entpuppen sich als gewaltige Skulptur: Zwei sechs Meter hohe Schöpfkellen, die am Chiemseeufer keine Suppe auslöffeln, sondern in die Erde greifen. Aus der einen Kelle wächst ein Apfel-, aus der zweiten ein Birnbaum – beides Symbole des Lebens. Genau hier, an dieser Stelle, präsentiert sich die Schöpfung von ihrer schönsten Seite. Und man kann, sagt die Skulptur, wenn man einen verantwortungsvollen Umgang mit ihr pflegt „Aus dem Vollen schöpfen“ – so der Titel des Kunstwerkes von Roland Mayer. Zugleich appelliert der Künstler damit an die Menschheit, die Natur als Grundlage des gesamten und somit auch seines eigenen Lebens zu begreifen. Nicht neben oder über der Natur steht der Mensch, nein, er selbst ist Teil von ihr. Diese Botschaft durchweht den kleinen Kurpark. Wer sie vernimmt, dem ist Glück beschieden. Und das fühlt sich richtig gut an.

TIPP

Die Skulptur ist Teil des Kunstprojekts chiemseeart, an dem sich mehrere Gemeinden beteiligt haben.

● Kurpark Seebruck, 83256 Seeon-Seebruck
www.chiemseeart.de
● ÖPNV: Buslinie 9520, Haltestelle Seebruck Hotel Post

Wo Erdbeere auf Chili trifft

12 Grüner Markt in Prien am Chiemsee

Manchmal braucht es zum Glücklichsein nicht viel, dafür reichen auch schon mal frisches Obst und Gemüse. Und das gibt es allwöchentlich auf dem „Grünen Markt" im Herzen der Gemeinde Prien, und zwar kiloweise und seit über 30 Jahren. Immer freitags wird dafür viereinhalb Stunden lang – um acht Uhr geht's los – in der Fußgängerzone zwischen Pfarrkirche Mariä Himmelfahrt und Heimatmuseum im übertragenen Sinne der „grüne Teppich" ausgerollt. Nur sind die Stars, die sich hier den Besuchern präsentieren, keine prominenten Schauspieler. Hier stehen Obst und Gemüse, Kartoffeln und Backwaren neben Geflügel, Fleisch- und Wurstwaren bis zu Fisch, Käse und Blumen im Rampenlicht. Das meiste davon frisch geerntet. Aus der Region, direkt vom Erzeuger. Unter den grün-orange- und blau-weiß-gestreiften Planen der Marktstände, die Kunden und Waren vor Wind und Wetter schützen, locken sie in allen Farben, Formen und Sorten. Da trifft Erdbeere auf Chili, Stachelbeere auf Feldsalat – alles Schmackhafte der jeweiligen Jahreszeit ist hier vereint. Daran hat sich seit dem Mittelalter nicht viel geändert: Schon damals zogen die Bauern in die Städte, um dem Stadtvolk ihre Waren zu verkaufen. Zugleich war der Marktplatz aber auch stets ein Ort für Begegnungen mit Freunden und Bekannten, für Gespräche, den Austausch von Neuigkeiten und natürlich auch für Klatsch und Tratsch. Gibt es denn etwas Schöneres, als aus dem Munde des Erzeugers zu erfahren, woher sein Gemüse stammt und was die spezielle Qualität ausmacht? Und sicher fällt beim Fachsimpeln auch der ein oder andere hilfreiche Tipp für die Zubereitung. Wer keine Lust mehr aufs Einkaufen hat, wechselt einfach die Seite und nimmt Platz an einem der Tische der am Marktplatz befindlichen Konditoreien oder Cafés. Genießt in angenehmer Atmosphäre einen Espresso oder ein Stück Kuchen. Auf diese Weise empfindet man den Freitagvormittag nicht als Pflicht, sondern als ganzheitliches Glückserlebnis, auf das man sich alle sieben Tage erneut freut.

● Grüner Markt, Marktplatz, 83209 Prien

Italienischer Barock

13 Pfarrkirche St. Michael in Sachrang

Wenn 300 Jahre ins Land ziehen und man kaum einen Tag älter aussieht, kann man von großem Glück reden. In diesem konkreten Fall hat es allerdings eher mit begnadeter Baumeister- und Handwerkskunst zu tun. Wer in das zur Gemeinde Aschau gehörende Gebirgsdorf Sachrang kommt, erkennt die strahlend weiße Schönheit mit der Laternenhaube auf dem Turm schon von Weitem: die Pfarrkirche St. Michael. Ende des 17. Jahrhunderts gebaut ist sie ein ebenso prachtvolles wie seltenes Zeugnis italienischen Barocks. Anders gesagt: Im Innern fehlt jegliche Form üppig-überladenen Bombasts. Stattdessen zarte Eleganz und luftig-leichte Pastelltöne. Nichts wirkt hier laut, bunt oder gar aufdringlich, auf einer solch andächtigen Augenweide fühlt sich der Besucher unheimlich wohl, ja richtiggehend glückselig. Dennoch ist es drinnen im ersten Moment ein wenig beengt: Eine auf zwei Säulen gestützte Empore hängt so tief über den Mittelgang, dass man intuitiv den Kopf etwas einzieht. Doch schon wenige Schritte weiter fühlt man sich wunderbar befreit, wenn sich der Raum mit der ganzen feinen Pracht italienischen Barocks öffnet und auf den Betrachter einströmt. Ein unvergesslicher Augenblick. Diese Optik, diese Stimmung muss man in aller Ruhe auf sich wirken lassen. Am besten von einer der 22 Kirchenbänke aus. Wer seine Augen dann durchs kunstvolle Kleinod streifen lässt, begegnet gleich an mehreren Stellen dem Erzengel Michael. Der Namenspatron der Pfarrkirche ist hier buchstäblich allgegenwärtig. Bereits überm Eingang, also noch bevor man das Gotteshaus betritt, ist er mit seinem Flammenschwert zu sehen, wie er den Teufel besiegt. Eine weitere Besonderheit von St. Michael ist das reich verzierte Deckenfresko im Chorraum. Es zeigt die „Sieben heiligen Zufluchten", ein in der Barockzeit im Alpenraum häufiges Bildmotiv. Heute ist diese katholische Gebetstradition nahezu vergessen, weshalb man solche Darstellungen nur relativ selten in Kirchen findet. In Sachrang schon. Was für ein Glücksort!

- Pfarrkirche St. Michael, Kirchstraße, 83229 Sachrang
- ÖPNV: Buslinie 9502, Haltestelle Sachrang Ort

Himmlische Gaumenfreuden

14 Schlosswirtschaft Wildenwart in Wildenwart

Bei der Schlosswirtschaft Wildenwart im gleichnamigen Dorf der Gemeinde Frasdorf kann man den langen Atem der Geschichte spüren. Bis heute sitzt der Wirtschaft die bayerische Vergangenheit buchstäblich im Nacken. Direkt hinter ihr liegt nämlich das Schloss Wildenwart, das sich im Besitz der Wittelsbacher befindet, eines der ältesten deutschen Adelshäuser. Hierher war der letzte bayerische König Ludwig III. nach seiner Absetzung am 7. November 1918 geflohen. Heute lebt dort die meiste Zeit sein Urenkel Herzog Max in Bayern mit Familie – weshalb das Anwesen öffentlich nicht zugänglich ist. Das gilt natürlich nicht für die zum Schloss gehörende Wirtschaft, die vor historischer Kulisse mit schönem Ambiente und täglich wechselnder Speisekarte überzeugte Genussmenschen zum kulinarischen Happening verführt. Und wie man sich hier den Gaumen kitzeln und verführen lassen kann! Davon zeigten sich auch der Restaurantführer Guide Michelin und der Internationale Slow-Food-Verein überzeugt, beide haben die Schlosswirtschaft zweimal in Folge wärmstens empfohlen. Kurzum, bei Christoph Gelder, Pächter seit 2008, kann man bedenkenlos einkehren. Er stammt aus der Gegend und schwört auf regionale Küche mit heimischen Produkten. Auch woher das Fleisch – Geflügel, Fisch oder Wild – kommt, das auf dem Teller landet, teilt er offen mit. Einiges stammt sogar aus eigener Zucht. Ein ebenso feines Händchen bewies der Wirt bei der Einrichtung von Gaststube, Schützenstüberl und großem Saal, vom Mobiliar über die Dekoration bis zur rustikalen Wandverkleidung. Alles ist so, wie man sich ein traditionelles bayerisches Wirtshaus wünscht: behaglich, gemütlich, heimelig, einfach himmlisch eben. Da passt der obligatorische Biergarten natürlich bestens ins Bild. Aber Achtung: Die Kunde von diesem Glücksfall lokaler Wirtshauskunst hat sich längst herumgesprochen. Man sollte sich also unbedingt einen Platz reservieren. Dann kann man diesen Glücksort mit allen Sinnen genießen.

● Schlosswirtschaft Wildenwart, Ludwigstraße 8, 83112 Frasdorf
www.schlosswirtschaft-wildenwart.de

Historisches Doppel

15 Museum Salz & Moor bei Grassau

Wenn Abwechslung der Schlüssel zum Glück ist, dann hält das Museum Salz & Moor im Klaushäusl das passende Türschloss bereit. Sobald man es öffnet, wird man gleich doppelt belohnt, weil es zwei Museen in einem sind: ein Salz- und ein Moormuseum. Das historische Gebäudeensemble Klaushäusl befindet sich direkt neben der B305 zwischen Grassau und Rottau, nur wenige Meter gegenüber dem Hochmoorgebiet Kendlmühlfilzen. Die Vorderseite des Brunnwärterhauses, über das man ins Museum kommt, ist mit bildlichen Darstellungen geschmückt, die auf das hinweisen, was es drinnen zu sehen gibt. Zuerst das Moormuseum, das überraschende Einblicke in das Leben im Hochmoor bietet. Dabei erklärt es auf anschauliche Weise Zusammenhänge, die man mit bloßem Auge nicht erkennt. Wer der Sache weiter auf den Grund gehen will, für den stehen Mikroskope bereit. Geradezu andächtig verharrt man dagegen vor dem vier Meter tiefen Torfprofil, wenn man erfährt, dass ein Meter Torf 1000 Jahre braucht, um zu wachsen. Eine Zeittafel daneben veranschaulicht, was die Menschheit derweil so alles getrieben hat, welche Entwicklungen und Erfindungen es gab, bis die vier Torfmeter endlich erreicht waren. Etwaige Probleme, die der Besucher mit sich rumschleppt, erscheinen dann plötzlich nichtig und klein. Danach geht jeder heiter weiter, um so wundersame Dinge wie einen speziellen „Ameisen-Frostschutz" zu entdecken. Ins Salzmuseum, das sich im Nebenhaus befindet, gelangt man im Parterre durch eine Seitentür. Dort empfängt den Gast eine originale – die einzige noch erhaltene – Solepumpstation, die zwischen 1810 und 1958 in Betrieb war. Über sie ist die Sole über die 107 Kilometer lange Leitung zwischen Berchtesgaden und Rosenheim befördert worden. Auch über die große Bedeutung und Gewinnung von Salz in damaligen Zeiten erfährt man viel. Das alles ist so charmant, kurzweilig, vor allem aber abwechslungsreich aufbereitet, dass man an diesem Ort einen Glückskick nach dem anderen bekommt.

- Museum Salz & Moor, Klaushäusl 9, 83224 Grassau
  www.grassau.de/das-museum
- ÖPNV: Linienbus 9505, Haltestelle Klaushäusl

Museum Salz & Moor

Dem Himmel so nah

16 Kampenwand-Panoramaweg zur Steinlingalm

Der halbstündige Panoramaweg, der in 1500 Metern Höhe ohne großes Auf und Ab von der SonnenAlm zur Steinlingalm führt, ist bestimmt nicht der längste Glücksort am Chiemsee. Aber mit Sicherheit einer der schönsten. Und einer der einfachsten. Auch mit kräftiger Statur und ohne Übung ist diese Kurzstrecke leicht zu schaffen. Darauf spielt der in Bayern populäre Schüttelreim „I gangat gern auf d' Kampenwand, wann i mit meiner Wamp'n kannt" augenzwinkernd an. Dabei bietet allein schon die gemütliche Auffahrt mit der 65 Jahre alten Kampenwandseilbahn ein sehenswertes und aussichtsreiches Erlebnis. Doch ist das alles nichts gegen die geballte Ladung Glück, die einen oben unmittelbar nach Verlassen der Bergstation erwischt. Die imposante Phalanx aus Hohen Tauern, Großglockner, Großvenediger, Wildem Kaiser, Loferer Steinbergen und Berchtesgadener Alpen. Flachlandtiroler erleben diesen Anblick als umwerfend, selbst eingefleischte Bergfexen werden angesichts dessen ganz demütig. Weiter geht's vorbei an der SonnenAlm über einen kurzen Anstieg zu einem Andachtskreuz, das sich linker Hand in den Himmel streckt. Dorthin kann man laufen, muss man aber nicht. Denn von nun an begleitet den Wanderer über den gesamten Panoramaweg hinweg eine fulminante Aussicht auf den Chiemsee mit seinen Inseln. Man schreitet durch duftende Almwiesen mit bunter Blütenpracht, an der Kampenwand mit ihrem charakteristisch gezackten Gipfelgrat vorbei, der neben dem Campanile der Fraueninsel das zweite Wahrzeichen des Chiemgaus ist. Unterhalb des Ostgipfels mit seinem zwölf Meter hohen Kreuz begrüßt die idyllisch gelegene Steinlingalm den Genusswanderer schließlich mit Speis und Trank und einer gehörigen Portion Gipfelglück. Den Heimweg tritt man dann über denselben Weg zurück an. Bergab geht es aber auch in gut zwei Stunden an der kleinen Gedenkkapelle vorbei durch den Wald hinab zur Talstation.

TIPP

Wer frei wie ein Vogel über die Kampenwand fliegen will, kann das mit Tandemfliegen Chiemgau.

● Kampenwandseilbahn, An der Bergbahn 8, 83229 Aschau im Chiemgau
www.kampenwand.de

Neptun unterm Muscheldach

17

Prienavera in Prien am Chiemsee

Für leidenschaftliche Muschelsucher hält das Bayerische Meer, wie der Chiemsee liebevoll genannt wird, ein ganz spezielles Fundstück bereit. Die kleinen Weichtiere mit den harten Schalen lassen sich zwar nicht an den Ufern des Sees finden, dafür fühlen sie sich tief im Chiemsee pudel-, besser: muschelwohl. Wer sauberes Wasser schätzt, einen besseren Hinweis als Muscheln gibt es nicht. Die mit Abstand größte Muschel findet sich seit über 20 Jahren in Prien, nur wenige Gehminuten vom Hafen entfernt. Direkt am Seeufer hat sie es sich in bester Lage bequem gemacht. Und betreten kann man sie obendrein. Rund 200.000 Besucher tun das alljährlich. Natürlich handelt es sich hierbei nicht um eine waschechte Muschel, auch kann man sie nur aus der Luft und vom Wasser aus als solche erkennen. Die Rede ist vom muschelförmigen Dach des Erlebnisbades Prienavera, das in fantastischer Lage und beeindruckender Umgebung zum Baden und Entspannen einlädt. Seine Sauna- und Wellnesswelt – mit Blockhaus- und Finnensauna, Dampf- und römischem Schwitzbad sowie Salzraum – ist die reinste Entschleunigungs-Power-Station, in der jeder seine hochtourigen Energien spürbar abbauen kann. Was das Prienavera aber so einzigartig und zu einem Glücksort macht, ist sein warmer Außenpool, der sich sanft bis ans Ufer des größten bayerischen Sees schmiegt. Darin hat man wirklich das Gefühl, direkt im Chiemsee zu schwimmen; Pool und See scheinen fließend ineinander überzugehen. Doch damit nicht genug: Wie ein Sahnehäubchen pflanzt sich auf diesen unvergleichlichen Badespaß auch noch ein sagenhafter Blick obendrauf. Und der fällt vom Beckenrand hinüber auf die Insel Herrenchiemsee und dort durch eine Lindenallee über den Kanal und den Latonabrunnen hinweg bis vor die Füße des gleichnamigen Schlosses, das letzte große Bauwerk des Märchenkönigs, das er selbst allerdings nur wenige Tage bewohnte. Angesichts dessen kann man nur mit Neptun schweigen und dieses Glück still genießen.

TIPP

Das zum Prienavera gehörende Strandbad bietet einen direkten Zugang zum Chiemsee.

- Prienavera, Seestraße 120, 83209 Prien am Chiemsee
  www.prienavera.de.
- ÖPNV: Linie 9424, Haltestelle Prien Hafen

Fabelhafte Welt der Annelie

18 Naturkostmühle Wagenstaller in Riedering

Es gibt Orte, da kann man das Glück mit allen Sinnen wahrnehmen. Man hört den rauschenden Mühlbach, riecht den Duft frisch gebackenen Brotes und sieht ein landschaftliches Idyll. Die Naturkostmühle Wagenstaller ist so ein Ort, zwischen Chiemsee und Simssee gelegen, inmitten der Gemeinde Riedering. Im stuckverzierten vorderen Teil des Gebäudes befindet sich der Wohnbereich, im hinteren die Mühle und der Mühlenladen. Etwas abseits davon am rauschenden Bach klappert das Mühlrad, das die Wackersteine im historischen Mühlennachbau bewegt und zeigt, wie der Müllerberuf früher einmal war. Hier lebt, mahlt, backt und schafft Annelie Wagenstaller, die Mitte der 80er-Jahre Deutschlands jüngste Müllermeisterin war. Bereits vor dem Haus schallt einem das Glück entgegen, im traditionellen Müllergruß: „Glück zu!“. Und schon fühlt man sich aufs Herzlichste willkommen. Nicht anders im urgemütlichen Mühlenladen, den die Müllerin vor über 40 Jahren mit ihrer Mutter eröffnete. Der Verkaufsraum ist in warmes Licht getaucht, auf breiten Dielen türmen sich die Regale bis unter die Decke. Wie es da duftet! Erinnerungen an Tante-Emma-Läden werden wach, Glücksgefühle stellen sich ein. In allen Fächern und Körben, auf Tischen und Hockern liegen köstliche Waren – selbst gemahlenes und abgefülltes Dinkel-, Weizen- und Roggenmehl, daneben Allergikernahrung und Gewürze, aber auch Getreidemühlen, Backformen und Gärkörbchen. Kurzum: Alles, was man für eine gesunde Brotzeit und das Brotbacken braucht. Selbstverständlich gehören auch die knapp zehn Bücher dazu, die Annelie Wagenstaller bislang geschrieben hat und die sie über die Grenzen Bayerns hinaus bekannt gemacht haben. Viele Backgeheimnisse gibt die Müllermeisterin darin preis. Wer es lieber praktisch mag, kann einen ihrer monatlichen Brotbackkurse auf dem Mühlengelände besuchen. Dort wird ihm dann eine einzigartige Glückserfahrung zuteil, die es nur in dem Moment gibt, wenn frisch gebackenes, knuspriges und wohlriechendes Brot aus dem Holzofen gezogen wird.

- Naturkostmühle Wagenstaller, Obermühl 49, 83083 Riedering
https://www.wagenstallermuehle.de/
- ÖPNV: Buslinie 9499, Haltestelle Riedering Mitte

Im Herzen der Natur

19 Mooswirt in Eggstätt-Weitmoos

Wenn das Glück im Holzhaus wohnt, was Holzhütteneigentümer gerne und hartnäckig behaupten, dann mag man dem Glauben schenken oder nicht. Auf den Mooswirt, Restaurant mit Biergarten, das nördlich des Chiemsees zwischen der Eggstätt-Hemhofer- und Seeoner-Seenplatte liegt, trifft die verheißungsvolle Zuschreibung allerdings ohne Wenn und Aber zu. Das spürt man, sobald man es gefunden hat. Was nicht immer einfach ist. Zielführend sind nämlich gleich zwei Wegenamen: Seeoner Straße 72 und Weitmoos 15. Selbst modernste Navigationsmittel schießen durchaus am Ziel vorbei. Am genauesten führt Mutter Natur ins lokale Glück: Wer Eggstätt Richtung Seeon verlässt, muss nur den Birken am Wegesrand folgen. Wo sie enden, ist man da: Bei Matthias Herbach, der den Mooswirt seit April 2022 mit familiärer Unterstützung mit Leidenschaft und Herzblut bewirtschaftet. Als er das Holzhaus erstmals sah, war es gleich um ihn geschehen. Vor ihm stand ein kleines Hexenhäusl, wie es auch liebevoll genannt wird, von Bäumen umsäumt, an einem Bach mit Flussmuscheln und Fischen, über 100 Jahre alt. Das könnte so manch wilde Geschichte erzählen, wenn es nur ginge. Ursprünglich war es mal ein Brotzeitstüberl für Torfstecher, später, von der Klosterbrauerei Baumburg gekauft, zunächst ein Schützenheim mit Schusskanal, dann ein Wirtshaus mit guter, ehrlicher alpenländischer Küche. Wer diese Abgeschiedenheit und Stille, behagliche Tage und streulichtfreie Nächte liebt, der kennt auch den Wunsch: zu bleiben und Energie zu tanken. Nicht nur für eine Nacht oder ein Wochenende, sondern für länger. Dort zu leben und zu wirken, ein Traum. Herbach hat es beflügelt, die Gäste fühlen es. Dazu der urtümliche Charme und die schlichte Anmut der Stube: mit dem Schwingboden, die königlich-bayerischen Accessoires an den Wänden, die uralten Deckenlampen, der heimelige Kachelofen und die 30 Plätze (nochmal so viele gibt's im Garten und auf der Terrasse vorm Haus). Welch ein Ort! Wie in einer Almhütte, nur ohne Berg, aber voller Glück.

● Mooswirt, Seeoner Straße 72 (alternativ: Weitmoos 15), 83125 Eggstätt, https://moos-wirt.de (Öffnungszeiten beachten)

Nahtlos kreativ

20 Puppenstube am Chiemsee in Rimsting

Ihre Wiege steht in der Gemeinde Rimsting, ein Luftkurort wenige Kilometer nördlich von Prien. Von hier aus ziehen sie seit Frühjahr 2017 in die nahe Welt des Chiemgaus, manchmal auch schon darüber hinaus. Wer sie kennt, weiß sofort Bescheid, wenn er ihnen an ganz unterschiedlichen Orten wieder begegnet: in der Kristallgalerie Prien, im Aschauer BlumenCafé oder auch beim Seehäusl in Chieming. Denn sie tragen alle dieselbe Handschrift, die ihrer Schöpferin: Margit Pagany, die kreative Frau hinter der Puppenstube am Chiemsee. Wer noch nicht das Vergnügen hatte, eine ihrer zauberhaften – und auch praktischen – Kreationen in Händen zu halten, dem sei ein Besuch ihrer nebenberuflichen Nähstätte wärmstens empfohlen. Die eigene Wohnung ist das Hauptquartier. Dort entstehen Stich für Stich und Naht für Naht die originellen handgenähten Kleinkunstwerke: Stofftiere, Wärmekissen, Türstopper-Katzen – und natürlich Puppen über Puppen in den schönsten Farben und Mustern. Puppenmädels und Puppenbuben, mit Kleidkörper oder mit passender Kleidung zum An-, Aus- und Umziehen. Hier findet man einfach alles, was man auch von „normalen" Kleiderkollektionen erwartet: Mäntel, Jacken und Hosen, Blusen, Hemden und Pullover, Röcke, Kleider, Unter- und Schlafwäsche, Schuhe, Mützen, Schals und Handschuhe. Der neueste Clou: Kleidersets, also Partnerlook für Puppe und Kind. Drei bis fünf Stunden liebevoller Handarbeit stecken in jeder Puppe – von der Füllung über die Kleidung bis zur Gestaltung des Gesichts. Und eine Geburtsurkunde gibt's noch obendrauf. Für alle Puppenmuttis, -papis und -freunde ist Margit Paganys Puppenstube am Chiemsee das reinste Schlaraffenland. Die Freude und Zufriedenheit darüber, was sie nun schon über fünf Jahre schafft, kann man ihrem Gesicht ablesen. Jedes Mal geht darin buchstäblich die Sonne auf, sobald man über ihre Puppenkinder spricht. Natürlich verkauft Pagany ihre Unikate auch übers Internet. Mit jeder Bestellung verschickt sie ein Stück Glück.

- Puppenstube am Chiemsee, Kampenwandstraße 21, 83253 Rimsting
www.puppenstube-am-chiemsee.de
- ÖPNV: Buslinie 9520, Haltestelle Rimsting Ort

Logenplatz für Romantiker

21

Tinninger See bei Riedering

Dieser Glücksort ist ein richtiger Geheimtipp. Nur zwei Kilometer südlich von Riedering Richtung Lauterbach ist er in einer kleinen Bodensenke versteckt, die ihn erst in unmittelbarer Nähe sichtbar werden lässt: der Tinninger See. Ganz still und behütet ruht er da, durch einen natürlichen Schutzwall vor zu neugierigen Blicken abgeschirmt: Wie ein grüner Paravent sind Teile seines Ufers von einem schmalen Streifen mit dichtem Baumbestand umspannt, der sich an der Nordseite zu einem kleinen Wald weitet. Dahinter sieht man eine von flachen Moränen geformte Landschaft, auf deren Kuppen die malerischen Weiler Gögging, Schlipfing und Tinning liegen. Ein knapp acht Kilometer langer und leichter Rundweg führt den wandernden Besucher um den See herum und gewährt auf wenigen hundert Metern, die den Wald von Gögging trennen, einen besonders zauberhaften Blick auf die Chiemgauer Berge. Spätestens hier leuchtet ein, warum diese Gegend zu den schönsten am ganzen Alpenrand zählt. Der Tinninger See ist ein Moorsee, also angenehm temperiert, dessen Fläche gerade einmal 36 Fußballfelder bei vier Metern Tiefe misst. Und seine Wasserqualität gehört zu der besten in Bayern. Karpfen, Hecht, Zander und Schleie fühlen sich darin richtig pudel-, treffender: fischwohl. Als Badesee punktet er mit allem Pipapo: mit hölzernem Badesteg und Kiosk über Umkleiden und schattiger Liegewiese bis zum Kinderspielplatz. Nur mit einer Sache hält er sich freundlich zurück: wildes Badegetümmel, das trifft man hier nicht. Trotz unglaublich betörender Lage, inmitten unberührter Natur und pittoresker Landschaft, hat er im Sommer – und Winter – nur wenige Besucher. Dagegen hat auch niemand etwas einzuwenden. Den Tinninger See genießt man und schweigt. Vollends als Glücksort outet er sich bei Sonnenuntergang, der den See in ein flammendes Farbenmeer taucht, dem man sich nicht mehr entziehen kann. Kann es Schöneres geben, als bei diesem Schauspiel auf dem Badesteg Beine und Seele baumeln zu lassen?

- Tinninger See, Tinninger Straße, 83083 Riedering
  www.seen.de/tinninger-see
- ÖPNV: Buslinie 9499, Haltestelle Riedering Mitte

Farbenfürst mit Gartenreich

22

Künstlerhaus Exter in Übersee-Feldwies

Wer sich stark unterglückt fühlt und schnelle Abhilfe braucht, dem sei der Besuch des berühmten Künstlerhauses Exter mit dem mindestens ebenso berühmten Garten in Übersee-Feldwies wärmstens empfohlen. Das ursprünglich typische Bauernhaus entdeckte der Maler und Bildhauer Julius Exter (1863-1939) kurz vor der Jahrhundertwende während eines Sommeraufenthalts am Chiemsee. Vier Jahre später hat er es gekauft und zu seinem Künstlersitz umgebaut. Mit eigener Malschule, die binnen weniger Jahre europaweit Bekanntheit erlangte. Wie andere Künstler jener Tage auch legte Exter neben seinem Haus einen blumenreichen Garten an, der ihn mit seiner bunten Blütenpracht zu vielen seiner Bilder inspirierte. Vor allem seine späten Landschaftsgemälde sprühen buchstäblich vor Farbenfreude. Deshalb war der Maler schon zu Lebzeiten als „Farbenfürst“ bekannt. Davon kann sich der Besucher des Exter-Hauses im Studierzimmer und Atelier ein eigenes Bild machen. Dort hängen rund 30 seiner Werke als ständige Ausstellung und lachen den Betrachter fröhlich an. Das seit 1980 als Museumsgalerie geführte Künstlerhaus ist in den Sommermonaten für jeweils zwei Stunden zugänglich (17-19 Uhr, sowie nach telefonischer Absprache, montags Ruhetag). Wer vor Ort ist, der sollte sich auf keinen Fall die aktuelle und jährlich wechselnde Sonderausstellung mit Bildern des ehemaligen Hausherrn und weiterer Chiemseemaler entgehen lassen. Dank behutsam durchgeführter Baumaßnahmen begrüßt das Exter-Haus Einheimische, Tagesgäste und Urlauber wieder so, wie es der Namensgeber einst selbst schuf. Auch der wunderschöne Zaubergarten zeigt sich noch genauso, wie er zu Zeiten des Künstlers war. Dafür sorgt mit großer Hingabe und Leidenschaft Monika Kretzmer-Diepold. Ganz allein kümmert sich die Leiterin des Exter-Hauses um die – hört, hört! – 1200 Kübelpflanzen, die rund um das Künstlerhaus aufgestellt sind und ganz entscheidend zu der geradezu vor Glück strotzenden Atmosphäre dieses herrlichen Fleckchens Erde beitragen.

TIPP

Mehr von Julius Exter gibt's in der Gemäldegalerie im Augustiner-Chorherrenstift auf der Herreninsel.

● Künstlerhaus Exter, Blumenweg 5, 83236 Übersee-Feldwies
www.schloesser.bayern.de/deutsch/schloss/objekte/ub_exter.htm

Mutter Natur führt Regie

23

Brücke in Bernaus Ortsteil Bichling

Kein Mensch bei Sinnen kommt auf die Idee, dass eine Brücke über einer Autobahn ein Glücksort sein könnte. Und doch ist es so. In der Gemeinde Bernau. Unweit des südwestlichen Zipfels vom Chiemsee, wo ein asphaltierter Kreisverkehr den Reisenden vor die Entscheidung stellt, nach Prien oder Bernau abzubiegen. Wer sich hier am kleinen Pendlerstellplatz vorbei auf eine leicht ansteigende schmale Straße nach Bichling begibt, wird schon nach wenigen hundert Metern fündig. Rechter Hand spannt sich die Brücke wie ein betongraues Band in luftiger Höhe rund 170 Meter lang und namenlos über die Bundesautobahn A8. Die zählt zu den wichtigsten Ost-West-Verbindungen Mitteleuropas und führt von der luxemburgischen Grenze bei Perl über Stuttgart und München nach Bad Reichenhall an der Grenze zu Österreich. Sobald man seinen Fuß auf diese Brücke setzt, verwandelt sie sich zum exklusiven Theaterbalkon mit Blick auf eine atemraubende Bühne, wie sie nicht schöner von einem virtuosen Kulissenmaler geschaffen worden sein könnte. Alles Störende – sowohl Verkehrsgeräusche als auch Automobile – löst sich in einer farbenfrohen und weitläufigen Naturschönheit auf, die Auge und Seele des Betrachters unmittelbar betört. Saftig-grüne Wiesen, allein und in Gruppen stehende Laubbäume mit üppiger Krone, das in verschiedenen Blautönen erstrahlende bayerische Meer sowie die imposanten Berggipfel der Chiemgauer Alpen bespielen in beglückender wie stimmiger Harmonie diese einmalige Schauspielbühne unter weiß-blauem Himmel. Ohne Übertreibung kann man angesichts dieser vollkommenen Inszenierung von Mutter Natur von einem wirklichen Geheimtipp sprechen – längst nicht nur für Individualisten, fraglos auch für Romantiker. Ein weiterer Aspekt sei noch erwähnt: Wenn Einheimische diese Stelle nach kürzerer oder längerer Abwesenheit passieren, nehmen sie genau dasselbe wahr – mit einem gravierenden Unterschied: Touristen erleben diese Aussicht als umwerfend schön, Chiemgauer als heimatliches Glücksgefühl.

TIPP

Auch das nahegelegene Örtchen Hittenkirchen bietet einen fantastischen Blick auf den See und die Berge.

- Fußgängerbrücke über A8, Bichling (am Bernauer Berg), 83233 Bernau am Chiemsee
- ÖPNV: Buslinie 9502, Haltestelle Bernau Tourist Info

Tempel für Cineasten

24 Marias Kino in Bad Endorf

Da muss man rein! Regisseur Marco Kreuzpaintner („Sommersturm") hat darin einen Großteil seiner Jugend verbracht, Doris Dörrie („Kirschblüten – Hanami") ihren Debütfilm „Ob's stürmt oder schneit" über die Namensgeberin gedreht und die Gründerin selbst damit ein Stück deutsche Kinogeschichte geschrieben: „Marias Kino" in Bad Endorf, das einst Kurfilmtheater hieß und heute im ganzen Chiemgau Kultstatus genießt. Schon als kleines Mädchen war Maria Stadlers Liebe fürs Kino entflammt. Eine Leidenschaft, die bis zu ihrem Tod im Dezember 1994 nicht erlosch. Sechs Jahre zuvor war sie in Berlin mit dem Bundesfilmband in Gold als „eine der letzten Idealistinnen des Kinogewerbes" ausgezeichnet worden. Chapeau! Noch heute werden die tollsten Geschichten über die „Kino-Mare" erzählt. So soll sie, als das Rauchen im Kinosaal noch selbstverständlich war, Autoradkappen als Aschenbecher verteilt haben. Und an kalten Wintertagen, wenn das Geld nicht ausreichte, um den Theaterraum ordentlich einzuheizen, verteilte sie auch schon mal wärmende Decken ans Publikum. Ganz großes Kino! Zwei Anekdoten, die die Erinnerung an die Unternehmerin und Kinokulturkämpferin bis heute lebendig halten. Auch wenn Maria Stadlers Einsatz für ihr Filmtheater unermüdlich war – jahrein, jahraus, bis zu 20 Stunden am Tag – ihrer großen Liebe zum Film tat das keinen Abbruch. Dieses Feuer der Begeisterung sprang über: Nach ihrem Tod gründete sich der Verein „Kultur im Kino". Heute führt ein Freundeskreis aus 20 bis 25 Ehrenamtlichen das Lichtspielhaus mit viel Herzblut weiter. Der Gründerin zu Ehren haben sie es in „Marias Kino" umbenannt. Auch überregional genießt es einen guten Ruf, den es neben anspruchsvollen Filmprogrammen auch Musikkonzerten, Matineen, Poetry Slams und Opernübertragungen verdankt. Nicht zu vergessen: Der besondere nostalgische Charme, den das „Maria" bis heute versprüht – vom Eingangsbereich über Kassenraum und Foyer bis zum Kinosaal mit 240 Plätzen. Vorhang auf für diesen Glücksort!

- Marias Kino, Eisenbartlinger Weg 4, 83093 Bad Endorf
  www.marias-kino.de
- ÖPNV: Buslinie 9414, Haltestelle Bad Endorf Bhf

KASSE
EINTRITTSPREISE
VERGNÜGUNGS-STEUERSATZ 10%
Sperrsitz 3.00 0.10 3.10
I Platz 3.00 0.10 3.10
II Platz 2.50 0.10
Aktuelle Kinopreise
Normal Ermäßigt Kinder
€ 6.- € 5.- € 3.-
Bei Überlänge ab 2h: +€ 1-
Filmvorführer

Heilsame Pflegeoase

25 Natur-Moor-Freischwimmbad Aschau

Gibt es etwas Schöneres als ein wohltuendes Bad im Moorwasser? Gleichwohl stehen Moore bis heute nicht im besten Ruf. Seit Jahrhunderten ranken sich die unheimlichsten Geschichten um sie und in Filmen bilden sie oft eine furchteinflößende Kulisse mit Gänsehautgarantie. Das beste und angenehmste Mittel, das jeden Schauder vergessen macht, ist ein Besuch im Natur-Moor-Freischwimmbad in Aschau, ein heimeliger Hort der Ruhe und Entspannung. Das idyllische Naturbad liegt unterhalb des bekannten Café Pauli, das über einen faszinierenden Panoramablick auf die Chiemgauer Berge verfügt. Sein mit dunkelbraunem Moorwasser gefülltes Becken ist gut einen Meter tief und wird aus dem Bärnsee im benachbarten Naturschutzgebiet gespeist, für den absolutes Badeverbot gilt. Das Moorbad liegt inmitten großzügiger Liegewiesen mit schattenspendenden Bäumen und an zwei ineinanderfließenden, unterschiedlich temperierten Bächen, die der Kneippanlage ihre natürliche Einzigartigkeit verleihen. Wie gut, dass das Ende des 19. Jahrhunderts eröffnete Moorbad vor gut zehn Jahren behutsam saniert wurde, so hat es viel von seinem ursprünglichen Charme behalten. An die Anfänge, als jegliche Form körperlicher Entblößung verpönt war und strenge Geschlechtertrennung herrschte, erinnern die am Beckenrand in Reih und Glied stehenden Umkleidekabinen aus Holz. Darin war man vor unzüchtigen Blicken geschützt und konnte nach dem Umziehen über eine Treppe ins heilende und wohltuende Moorbecken gelangen. An der nachweislich entkrampfenden Wirkung von Moorwasser auf verspannte Muskelpartien und bei Gelenkschmerzen hat sich bis heute nichts geändert. Schon beim Abduschen fühlt sich die Haut frischer und weich an. Und den weiten und herrlichen Blick auf die nahen Berggipfel von Aschauer Kopf und Zellerhorn, der die Schwimmer auf ihren Bahnen begleitet, gibt es obendrein dazu. Das Natur-Moorbad in Aschau ist eine Pflegeoase für Körper, Geist und Seele. Manche nennen das Glück!

- Natur-Moor-Freischwimmbad, Höhenberg 1, 83229 Aschau im Chiemgau
www.aschau.de/de/moorbad
- ÖPNV: Buslinie 9502, Haltestelle Aschau Bernauer Straße

Paradies für Mensch und Tier

26 Prienmündung in Rimsting

Der Chiemsee ist eine Bilderbuchschönheit. Davon zeugen viele alte Werke von Malern und Dichtern, ab 1925 auch Ansichtskarten. Seit das Reisen in den 50er-Jahren langsam in Mode kam, zog es immer mehr Menschen ans Bayerische Meer, um sich selbst ein Bild davon zu machen. Heute ist der Chiemsee eines der attraktivsten Urlaubsziele Süddeutschlands. Entsprechend viel ist hier in den Sommermonaten los. Oasen der Stille und Einkehr stehen dann besonders hoch im Kurs – nicht nur bei Wasservögeln und Jungfischen. Eine auch landschaftlich besonders schön eingebettete Ruhezone ist die zum Luftkurort Rimsting gehörende Schafwaschener Bucht im Aiterbacher Winkel. Und zwar genau an der Stelle, wo die Prien, mit etwa 32 Kilometern einer der längsten Wildbäche im Alpenraum, in den Chiemsee mündet. Über einen schmalen Fußweg gelangt man nach wenigen hundert Metern ans Ende der Landzunge, die den Prienzulauf flankiert – vorbei am Rimstinger Naturstrandbad und entlang des Steinlehrpfads mit seinen teils 50 Millionen Jahre alten Findlingen, die auf massive Weise von der Entstehung der Chiemseelandschaft erzählen. Unweit der Vogelbeobachtungsstelle, eine an ein Bootshaus erinnernde Holzhütte, steht eine schattenspendende Baumgruppe, davor eine Parkbank, zum Verweilen bereit. Von dort schweift der Blick über die Schafwaschener Bucht mit ihren teils breiten, sich sanft im Wind wiegenden Schilfgürteln. Da die Bucht nur über eine sehr schmale Verbindung zum Chiemsee verfügt, toben sich hier gelegentlich auftretende Stürme deutlich schwächer aus. Kurzum, diese Bucht bringt so schnell nichts aus der Ruhe. Entschleunigung pur. Ein Paradies für Mensch – und Tier. Insbesondere die Vielfalt der Vogelwelt zählt zu den besonderen Schätzen dieser Region. Rund 300 Arten wurden bis heute gezählt, und 30.000 Zugvögel aus nördlichen Gefilden überwintern am Chiemsee. Selbst Biber finden die Prienmündung zum Anbeißen schön: Kurz vor Eintritt der Dämmerung kommen sie aus ihrer Burg und nagen, was die Bäume hergeben.

- Prienmündung, Westernach, 83253 Rimsting
- ÖPNV: Bus 9520, Haltestelle Prienbrücke

Baum des Komponisten

27

Die Mozart-Eiche in Seeon

Wenige Meter vom Westufer des Seeoner Klostersees entfernt befindet sich unter dem kühlenden Blätterdach einer uralten Eiche eine einladende Ruheoase. Wer sich auf einer der zu ihren Füßen stehenden Bänke niederlässt, kann längst vergangenen Zeiten nachträumen. So gut wie alles hier ist von einem zarten Schmelz des Gestrigen überzogen: das ehemalige Benediktinerkloster Seeon mit den beiden hervorstechenden Grünspankuppeln der Klosterkirche St. Lambert, der kleine, ummauerte russisch-orthodoxe Friedhof von St. Walburgis, das massive, zweigeschossige Apothekerhaus mit seinem Halbwalmdach und nicht zuletzt die an den Komponisten der Wiener Klassik erinnernde Mozart-Eiche. Wolfgang Amadeus war eng mit dem Kloster Seeon verbandelt und soll hier sogar zwei Offertorien (KV 34 und 72) komponiert haben. Ob er die beiden Stücke unter der Eiche geschrieben hat, die seinen Namen trägt, ist unsicher. Vielleicht diente sie ihm in den Abendstunden auch nur als Treffpunkt, um dort mit seinem Musikerfreund Michael Haydn einige Krüge des von beiden geschätzten Klosterbieres zu leeren. Möglich wäre es schon. Denn bevor das Kloster, das heute eine Bildungsstätte des Bezirks Oberbayern ist, im Jahr 1803 aufgelöst wurde, soll in Seeon ein quietschfideles Klosterleben geherrscht haben. Das hing mit seiner verkehrsgünstigen Lage zusammen. Es lag auf halbem Weg zwischen Salzburg, der Geburts- und Wirkstätte Mozarts, und München. Diesen Weg dürfte Mozart so einige Male genommen haben. Komfortabel darf man sich das allerdings nicht vorstellen: Die Straßen waren schlecht oder gar nicht gepflastert und die Kutschen ungefedert. Da war ein Zwischenstopp im Kloster sicher die reinste Wohltat. Zumal in einer solchen Landschaft, eingebettet von Seen, Hügeln, Mooren und Wäldern. Weit und breit herrschen hier Ruhe und Gelassenheit – damals wie heute. Und das alles sieht und spürt man von der Mozart-Eiche aus. Ein idealer Ort, um Kraft zu tanken und sich glücklich zu fühlen.

TIPP

Zu Ehren des Komponisten findet einmal im Jahr die Mozartwoche im Hotel Kloster Seeon statt.

● Kurz vorm Kloster Seeon (Klosterweg 1, 83370 Seeon) links in den Mozartweg
● ÖPNV: Linie 9522, Haltestelle Seeon Kloster

Wo der Torf wächst

28

Kendlmühlfilzen bei Grassau

Das zwischen China und Indien liegende Königreich Bhutan hat als einziger Staat der Welt Glück in seiner Verfassung verankert. Bis das auch hierzulande der Fall ist, wird die Tiroler Achen noch sehr viel Wasser in den Chiemsee spülen. Dafür kann man dem Glück anderweitig auf die Sprünge helfen, etwa mit einem Besuch des größten Hochmoors in Südostbayern, über das seit 1992 der Naturschutz wacht: die Kendlmühlfilzen („Filze" ist der oberbayerische Ausdruck für „Hochmoor"). Ein vollkommen intakter Glücksort, der sich auf dem 9,6 Kilometer langen Moorrundweg (Gehzeit: zwei bis drei Stunden) von seinen schönsten unberührten Seiten zeigt. Tagtäglich heißt er seine Besucher willkommen, ändert sogar mit den Jahreszeiten sein Erscheinungsbild in zauberhaften Farbenspielen: Im Frühsommer empfängt einen die Kendlmühlfilzen in der weißen Blütenpracht des Wollgrases, sommers im leuchtenden Violett des blühenden Heidekrauts, und im Herbst trägt sie das augenfällige Dunkelbraun des Pfeifengrases. Kaum hat man sich auf den Rundweg begeben – von der Moosbacher Straße oder vom Steinbrückweg aus –, wird man nach wenigen Metern auch schon von der Stille der Moorlandschaft verschluckt. Ein beruhigender Duft liegt über diesem moorigen Fleckchen Natur in der Luft. Und so manches Mal scheint der feuchtsaftige Boden fröhlich unter den Füßen zu wippen. Unterwegs trifft man zwischen Übersee und Grassau auf den Aussichtsturm am „Ewigkeitsweg", der einen einmaligen Landschaftseindruck gewährt und Informationen zur Entstehung, Nutzungsgeschichte und Bedeutung des Moores bereithält. Ein von Birken gesäumter Pfad oder der mit Holzplanken ausgelegte Aussichtssteg liefern die perfekte Bühne für ein hautnahes Hochmoor-Erlebnis. Der einzige Wermutstropfen: Dem Torf beim Wachsen zusehen, das geht nicht. Für einen einzigen Millimeter braucht er sage und schreibe ein ganzes Jahr. Ach ja, das Tragen von Wanderschuhen empfiehlt sich immer, schließlich sind nasse Füße echte Glückshemmer.

TIPP

Im Museum Torfbahnhof gibt's noch viele Infos über Geschichte, Flora und Fauna im Moor.

● Salz & Moor, Klaushäusl 9, 83224 Grassau
In unmittelbarer Nähe des Klaushäusl führt der Moorerlebnisweg ins Hochmoor.
● ÖPNV: Buslinie 9505, Haltestelle Klaushäusl

Leichtigkeit des Seins

29 Landungssteg in Seebruck

In der alten Römersiedlung Bedaium an der Nordseite des Chiemsees gibt es einen ganz besonderen Glücksort. Mit seinen knapp 100 Metern Länge wirft er sich dem Bayerischen Meer permanent an den wässrigen Hals: der Dampfersteg in Seebruck. Viermal am Tag während der Sommermonate kann man von hier aus mit der Chiemsee-Schifffahrt auf die – wenn man das Boot an den Zwischenstationen nicht verlässt – zweieinhalbstündige große Chiemseetour gehen. Für den Rest des Jahres hat der Landungssteg dann frei, liegt faul in der Sonne rum, trotzt Wind und Wetter und genießt die einmalige Aussicht über die großartige Weite des Chiemsees. Einen ganz ähnlichen Anblick dürften bereits vor rund 2000 Jahren die hier stationierten römischen Legionäre genossen haben. Seebruck war schon damals ein weithin bekannter und beliebter Badeort. Den Steg gab es seinerzeit natürlich noch nicht, das Vergnügen, ihn zu betreten, ist den gegenwärtigen Zeitgenossen vorbehalten – ob Einheimische oder Urlauber. Und was man dabei erlebt, ist extraordinär: Wer die rund 100 Meter, von massiven Planken getragen und Geländern flankiert, gleichsam über den Chiemsee wandelt, spürt mit jedem Schritt eine zunehmende Leichtigkeit in sich aufsteigen, die alles andere hinter sich lässt. Manche beschleicht das Gefühl, als schwanke der Boden unter ihren Füßen, einigen schwindelt leicht, während sie den vorbeiziehenden Wolken mit den Augen nachspüren. Andere wiederum wähnen sich gar auf der perfekten Glückswelle surfend, wenn ihnen dort ein kräftiger Sturm das Haar zerzaust und um die Ohren braust. Zudem ist das imponierende Naturschauspiel an der Nahtstelle von Steg und See einem ständigen Wandel unterzogen, beeinflusst durch Tages-, Nacht- und Jahreszeiten, durchs kleine und große Klima. Doch was immer einem auch zwischen Meter 99 und 100 widerfährt: Ein jeder verlässt den Landungssteg anders, als er ihn betreten hat. Seebrucks Glückssteg erleichtert und bereichert das Sein.

- Dampfersteg Seebruck, Traunsteiner Straße 10, 83256 Chiemsee
www.chiemsee-schifffahrt.de
- ÖPNV: Buslinie 9520, Haltestelle Seebruck Landungssteg

Haus der Geschichte

30 Heimatmuseum Prien

Naht der Urlaub, ist Glück in Sicht. Mit jedem Kilometer Anreise lässt man ebenso viele Routinen zurück. Neue Eindrücke voraus lautet die Devise. Um die zu gewinnen, gibt es keinen besseren Ort als das Heimatmuseum in Prien. Nirgends sonst kann man so anschaulich und viel über Land und Leute, Sitten und Gebräuche am Chiemsee erfahren wie hier. Gleich hinter der mächtigen Pfarrkirche Mariä Himmelfahrt mit ihrem spitzhelmigen Kirchturm grenzt es an den Marktplatz mit seinem bunten Treiben. Die großzügig mit bäuerlicher Lüftlmalerei herausgeputzte Fassade des ehemaligen Handwerkerhauses „Beim Mayerpaul", in dem das 1913 gegründete Museum seit den 40er-Jahren untergebracht ist, strahlt eine angenehm einladende Wärme aus. Den Vorplatz schmückt ortstypisch ein blumenreicher Bauerngarten mit Rosenbogen und Hausbrunnen, den das Museum zum 100-Jährigen spendiert bekommen hat. Der Anblick erfreut, macht gute Laune und Lust auf mehr. Durch eine prächtige Eingangstür und den sich anschließenden „Fletz" (Hausflur) betritt man zunächst eine große Bauernstube, die so urgemütlich und behaglich wirkt, dass man es sich darin am liebsten für längere Zeit bequem machen würde. Ganz anders dagegen die gegenüberliegende, äußerst sparsam eingerichtete Austragsstube, in der das Bauernpaar nach Übergabe des Hofes seine alten Tage verbringen durfte. Noch rund zwanzig weitere Räume kann der Besucher hier in aller Ruhe durchstreifen. Sie erzählen über die hiesige Handwerkskunst, die Chiemgauer Tracht, den berühmten „Priener Hut" und die traditionsreiche Fischerei am See, während religiöse Kunstgegenstände und Krippen die katholisch geprägte Frömmigkeit der Landbevölkerung illustrieren. Und zum Schluss – ein Must see! – die historische Galerie der Chiemseemaler, die einen unvergesslichen Überblick über das farbenfrohe Schaffen der Künstlerkolonie Frauenchiemsee und weiterer Malergruppen aus der Gegend zeigt. Unterm Strich hat das Heimatmuseum richtig viel zu bieten, ein heimeliger Glücksort ist auch dabei.

● Heimatmuseum Prien, Valdagnoplatz 2 (Am Marktplatz), 83209 Prien
www.museum-prien.de

HEIMAT
MUSEUM

Was G'scheits und Guads!

31 Stumhofer – Der Chiemseebäcker in Chieming

Allmorgendlich, noch vor Sonnenaufgang, durchzieht der aromatische Duft von frisch gebackenem Brot und knusprigen Semmeln die Ortsmitte von Chieming – für einige der angenehmste Grund aufzustehen, für andere die verlockende Aussicht auf ein leckeres Frühstücksglück. Hinter dem wohlriechenden Wachmacher steckt Bäcker- und Konditormeister Helmut Stumhofer. Über 200 Jahre hält seine Familie das Banner des Bäckerhandwerks am Ostufer des Chiemsees hoch; seit über 20 Jahren führt er nun schon den Betrieb zusammen mit seiner Frau Katharina, und zwar mit großer Hingabe. Was die Backstube verlässt, das sind nicht einfach nur Lebensmittel, für die Stumhofers ist es auch Lebensqualität für die Menschen in der Region. Und deswegen werden für die Brote, Semmeln, Kuchen und Torten ausschließlich natürliche Rohstoffe von höchster Güte verarbeitet – ganz frisch, unbehandelt und aus der Gegend. Fertigbackmischungen und künstliche Zusätze haben hier nichts verloren. Der Chiemseebäcker steht eben für was „G'scheits" und „Guads". Davor zieht selbst das Gourmetmagazin Der Feinschmecker seinen Hut, wiederholt hat es Stumhofer in die Liste der besten Bäckereien Deutschlands gewählt. Völlig zu Recht. Wer einmal von den köstlichen Backwaren versucht hat, wird zum Fan. Man schmeckt, fühlt und sieht, dass hier viel Leidenschaft am Werk ist. Und dass der Beruf kein Job, sondern eine Berufung ist – von Begeisterung getragen. Und die wirkt ansteckend: So zählen Stumhofers Azubis regelmäßig zu den Prüfungsbesten und die Verkäuferinnen im Laden bedienen so gut gelaunt und herzlich, dass man sich nach dem Einkauf noch auf ein Haferl Kaffee und eine Butterbrez'n im zugehörigen Café-Pavillon niederlässt – ganz im Sinne eines Goethe-Gedichts: „Willst du immer weiter schweifen? Sieh, das Gute liegt so nah. Lerne nur das Glück ergreifen. Denn das Glück ist immer da." Nun, auf den Chiemseebäcker trifft das jedenfalls zu. Ob der Dichterfürst wohl mal in Chieming Halt gemacht hat?

- Stumhofer – Der Chiemseebäcker, Hauptstraße 27, 83339 Chieming
  www.stumhofer.de
- ÖPNV: Buslinie 9520 Prien, Haltestelle Chieming Rathaus

Im Reich des Märchenkönigs

32 Königsschloss Herrenchiemsee (Neues Schloss)

Ohne Übertreibung: Rund um den Chiemsee gibt es haufenweise Glücksorte, doch einer davon schlägt alle anderen um Längen: das Königsschloss auf Herrenchiemsee. Wer es vom Anleger aus nach wenigen Gehminuten erreicht, kann ein Déjà-vu erleben. König Ludwig II. von Bayern hat die Herreninsel 1873 extra gekauft, um darauf sein Neues Schloss Herrenchiemsee als perfekte Kopie von Schloss Versailles zu errichten. Ein „Tempel des Ruhmes" für den „Sonnenkönig" Ludwig XIV. von Frankreich sollte es werden, den der bayerische Monarch über alles verehrte. Fertig gestellt wurde es am Ende jedoch nicht, weil der „Kini", wie ihn die Bayern noch heute liebevoll nennen, im Jahr 1886 unter mysteriösen Umständen starb. Nur zwei Monate später öffnete sich das Schloss für Besichtigungen – eine Sensation. Normalsterblichen war bis dahin der Zugang zu königlichen Gebäuden nicht gestattet. Das Interesse der Bevölkerung war von Anfang an riesig. Bis heute haben über 35 Millionen Menschen das Neue Schloss besucht – wenn das der menschenscheue Ludwig II. wüsste! Tatsächlich verspricht die nur mit Führung mögliche Besichtigung unvergessliche Glücksmomente: Allein der Anblick des Paradeschlafzimmers, einer der prächtigsten und kostbarsten Räume des 19. Jahrhunderts, ist umwerfend. Da leuchtet und strahlt es an allen Ecken und Enden satt gülden. Den größten Teil des im ganzen Schloss verarbeiteten Blattgoldes – rund fünf Kilogramm insgesamt – findet man unübersehbar hier. Nur drin geschlafen hat der König nie. Oder auch der Spiegelsaal: Mit 98 Metern Länge größer als das Vorbild in Versailles veranschaulicht er die barocke Lust an optischen Täuschungen, magisches Theater vom Feinsten. Oder das Speisezimmer mit seinem märchenhaften „Tischlein deck dich"-Esstisch, der zur Eindeckung einen Stock tiefer gefahren werden konnte. Direkt darüber: ein Kronleuchter aus Meißner-Porzellan, ein Einzelstück, unschätzbar im Wert. Das Schöne, Gute und Wahre, hier kann man es sehen – ohne Übertreibung.

- Schloss- und Gartenverwaltung Herrenchiemsee, Altes Schloss 3, 83209 Herrenchiemsee, www.herrenchiemsee.de
- ÖPNV: Chiemsee-Schifffahrt, Haltestelle Herrenchiemsee

Ruhestifter am Meer

33 Inselblick in Gstadt am Chiemsee

Die Gemeinde Gstadt ist so klein wie fein. Gerade einmal 1100 Einwohner verteilen sich über ihre 15 Ortsteile am Nordwestufer des Chiemsees. Gleichwohl hat sie viele schöne Seiten zu bieten: einen malerischen Friedensgarten mit einer anrührenden Geschichte, einen sogenannten grundlosen See mit schwingendem Rasen und eine großzügige Fähranlage mit der schnellsten, weil kürzesten Schiffsverbindung zur Fraueninsel. Ach ja, und natürlich den vielleicht schönsten Blick im Chiemgau. (Den reklamieren allerdings auch einige andere Chiemseeorte für sich.) Das einladende Café Restaurant Inselblick am südlichen Ende der Uferpromenade lädt zum Verweilen ein. Wer bei dem verheißungsvollen Namen an einen traumhaften Platz mit ausladender Veranda und einem Hauch mediterranen Flairs mit ungehindertem Blick auf die liebliche Fraueninsel und ihren alles überragenden Campanile denkt, ist hier an der richtigen Adresse. Seit vielen Jahren gibt Tanja Austria-Kett im Inselblick den Ton an. Bevor die Restaurantchefin in Gstadt vor Anker ging, hat sie beruflich auf einem Kreuzfahrtschiff internationale Erfahrungen gesammelt. Nebenbei ging ihr noch ihr philippinischer Ehemann ins Netz, ein gelernter Koch, der inzwischen auch die Feinheiten der bayerischen Küche beherrscht. Einen entspannteren Glücksort am Gstadter Seeufer gibt es nicht. Egal zu welcher Tageszeit und wo man sitzt – sei es auf der vorm Gastraum gebogenen Brüstung oder auf der sich anschließenden Seeterrasse mit ihren bunten schattenspendenden Sonnenschirmen –, der Inselblick ist der Ruhestifter am Meer. Wer einmal von seiner kraftspendenden Atmosphäre gekostet hat, möchte sie nicht mehr missen. Ja, hier kann man den Augenblick genießen. Und das Glück. Und wenn man dann noch ein leibliches Verlangen spürt, die Karte liest sich wie eine Gebrauchsanweisung für Leckerschmecker. Ob leicht oder deftig, sie bietet alles – vom fangfrischen Chiemseefisch über knackige Salate bis zur Currywurst XL, ein extra Goodie für alle Nordlichter.

TIPP

Vom Anleger aus geht's im Halbstundentakt zur Fraueninsel. Die Überfahrt dauert nur zehn Minuten.

● Café Restaurant Inselblick, Seeplatz 9, 83257 Gstadt
www.cafe-inselblick.de
● ÖPNV: Buslinie 9520, Haltestelle Gstadt

Poseidons Fischreich

34 Thomafischer in Chieming

Zu welchen Gefühlen Fische in der Lage sind, ist nicht bekannt. Dass sie beim Menschen welche hervorrufen, schon – auch Glücksgefühle. Fast täglich kann man das bei der Thomafischerin neben der Schiffsanlegestelle Chieming beobachten. Wer ihre Ladentür einen Spalt öffnet, ist umgehend von Fischgerüchen betört. Drinnen erhellen dann kulinarische Vorfreuden das ganze Gesicht. Schon ein flüchtiger Blick in die Verkaufstheke macht den Mund wässrig. Gleich dutzendweise liegen sie da, Chiemsee-Renke neben Brachse oder Aal, goldbraun geräuchert funkeln sie die Kundschaft an. Aber auch fangfrisch sind sie zu haben, donnerstags und freitags sowie auf Anfrage. Frischer geht's nicht. Mmh, wie das schmeckt! Dass man sich bei der Thomafischerin Irmi Wallner in erfahrene Hände begibt, verrät schon der symbolträchtige Ausleger über der Ladentür an der mit Lüftlmalerei reich verzierten Fassade des Hofs: ein golden leuchtender Fischreigen, der an der gezackten Waffe des Meeresgottes Poseidon hängt. Die gelernte Fischereimeisterin betreibt ihr Handwerk bereits in der 13. Generation, bis 1587 reicht der Stammbaum zurück. Seit 1890 lebt die Familie hier, gerade einmal zehn Meter vom Seeufer entfernt. Vor dem Haus liegen ihre Schiffe in der Bootshütte vertäut. Von dort geht's regelmäßig zum Fischen hinaus. Immer zu der Stelle, an der man die Fische gerade vermutet. Da jeder der 16 Berufsfischer vom Chiemsee stets am besten weiß, wo die Fische sind, kommen sie sich auch nicht in die Quere. Anders gesagt: Der tägliche Fang ist Glückssache – mal gehen zehn Fische ins Netz, mal sind es 800. Gut verarbeitet wandern sie dann – geräuchert oder frisch – in den Laden, die Gastronomie und den Großhandel. Und am Ende auf den Tisch. Bei der Thomafischerin kann man sich übrigens auch „seinen" Chiemseefisch wünschen: Zappelt er dann im Netz, kann man ihn holen. Wer nicht mehr vom Fisch lassen kann: Fünf Ferienwohnungen sind hier ebenfalls zu buchen. Schneller kommt man nicht an den fangfrischen Fisch.

● Thomafischer, Markstatt 10, 83339 Chieming
www.thomafischer.de
● ÖPNV: Buslinie 9520, Haltestelle Rathaus

Besser geht's nicht

35 Priener Postkartenweg

Als Smartphones noch Zukunftsmusik waren, schickte man sich Ansichtskarten aus dem Urlaub. In wenigen Zeilen teilte man den Daheimgebliebenen mit, wie gut man es am Ferienort getroffen hat, wie schön das Wetter doch ist und wie großartig man sich erholt. Die Bildmotive der Karte lieferten dazu den farbigen Beweis, dass der Urlauber kein bisschen übertrieben hat. Andere wiederum sandten Ansichtskarten an die eigene Adresse, um sie zu Hause an ein Band zu klammern – das jüngste Urlaubsglück immer vor Augen. Heute, in Zeiten von Instagram & Co. – klick, klick und schon wieder ist ein neues Foto gepostet – können viele über solch altmodisches Gebaren nur noch müde lächeln. Bis der nächste Trend am Horizont aufscheint. Dabei ist der schon längst da und lässt selbst neueste Apps so richtig alt aussehen: der Priener Postkartenweg. Hier wandert man nicht nur mit Postkartenblick durch die Landschaft, hier ist man Teil der Postkartenlandschaft: a living postcard. Ein lebendiger Glücksort. In Echtzeit und bester Bildqualität. Da ist Glück in Hülle und Fülle entlang der fünf Kilometer langen und verkehrsarmen Strecke des Postkartenwegs. Die führt über sieben Stationen von der Munzinger Linde (Station 01) bis zur St. Jakobus Kirche (Station 07) in Urschalling – in umgekehrter Richtung geht's auch, hin und zurück ebenfalls. Vorbei am Munzinger Bundwerkstadl, einem imposanten Zeugnis bäuerlicher Baukunst, und an einer liebevoll gestalteten Privatkapelle in Arbing, an dichten Waldstücken, saftigen Feldern und prächtigen Streuobstwiesen. Der Weg ist gut und klug beschildert. Verlaufen kann man sich dabei nicht. An jeder Station finden sich Infotafeln, die Interessantes über den Standort, über Land und Leute berichten. Wem die Hauptstrecke viel zu kurz erscheint, kann den Wegweisern über die „Priener Schleife“ (Station 08 bis 18) folgen. Hier startet man in der Beilhackstraße in Prien (fünf Gehminuten vom Priener Bahnhof) und erhält eine um gut fünf Kilometer größere Portion Glück.

● Priener Bahnhof, Bahnhofplatz 2, 83209 Prien am Chiemsee
www.tourismus.prien.de/erlebnisse/priener-postkartenweg

● ÖPNV: Mit Chiemgaubahn: Priener Bahnhof (Gleis 1a) nach Urschalling Bahnhof (Station 06). Oder: Buslinie 9494, Haltestelle Bachham.

Immer dem Glück entgegen

36

Residenz Heinz Winkler in Aschau im Chiemgau

Manche Menschen träumen von Sternen, andere folgen ihnen, aber nur ganz wenige haben welche – Heinz Winkler zum Beispiel, eine Legende der deutschen Kochkunst. In Aschau befindet sich seine „Residenz“: eine spektakuläre, denkmalgeschützte Architektur samt Fünf-Sterne-Hotel und Gourmettempel, kurzum, eine wunderbar gelungene Mischung aus elegantem Luxus und lokalem Charme. Herzstück dieses Ensembles, dessen Anblick allein schon für intensive Glücksmomente sorgt, ist das Venezianische Restaurant mit heiteren Farben und italienischem Flair vor der beeindruckenden Kulisse der Chiemgauer Berge. Der gebürtige Südtiroler Heinz Winkler stammt aus einer Bergbauernfamilie, deren Alltag von bitterer Armut bestimmt war. Mit 14 Jahren geht er in die Kochlehre, dort zeigt sich sein begnadetes Talent, das er in namhaften Restaurants in Deutschland, Frankreich, Italien und in der Schweiz vervollkommnet. Bei Paul Bocuse und Eckart Witzigmann lernt er die „Nouvelle Cuisine“ kennen, leitet das legendäre Restaurant Tantris in München und wird 1981, da ist er 31 Jahre alt, mit dem dritten Michelin-Stern ausgezeichnet. Sein Lebensmotto: Dem Glück muss man entgegengehen. Und das traf Winkler sozusagen Anfang der 90er-Jahre in Aschau, als er vor dem stattlichsten Gebäude am Kirchplatz neben der Pfarrkirche St. Mariä Lichtmess stand: dem Hotel Post, einer vormaligen Tafernwirtschaft (alte Bezeichnung für Gastwirtschaft) der Herrschaft Hohenaschau, erstmals 1405 erwähnt. An diesem Ort zaubert der Meisterkoch kulinarische Höhepunkte seiner „Cuisine Vitale“, die auf alten Rezepten und frischen Kräutern fußt – schließlich soll Essen beflügeln und nicht belasten, wie Heinz Winkler treffend sagt. Dabei schmecken seine Kreationen nicht nur unnachahmlich gut, ganz nebenbei sind sie auch noch hinreißend anzusehen: äußerst liebevoll komponierte Kunstwerke. Natürlich hat dieses sinnliche Rundumerlebnis seinen Preis. Aber wer den nicht scheut, wird diesen Glücksort lebenslänglich in sich tragen.

TIPP

Wer in der Pfarrkirche heiratet, dem wird zwischen Kirche und Hotel der rote Teppich ausgerollt.

● Residenz Heinz Winkler, Kirchplatz 1, 83229 Aschau
www.residenz-heinz-winkler.de
● ÖPNV: Buslinie 9502, Haltestelle Aschau Bahnhof

Romanisches Schatzkästlein

37 St. Jakobus in Urschalling

Geradezu unscheinbar ruht St. Jakobus auf einer idyllischen Anhöhe westlich der Bernauer Straße in Urschalling, einem 150-Seelen-Ortsteil der Gemeinde Prien. An diesem Eindruck ändern auch die mächtigen, weiß getünchten Kirchenmauern nichts, die an besonders sonnigen Tagen wie frisch gewaschen wirken. Doch zunächst fällt der Blick auf den kleinen barocken Zwiebelturm von 1711, der rund 500 Jahre jünger als das Hauptgebäude ist. Tatsächlich entstand der romanische Kirchenbau bereits gegen Ende des 12. Jahrhunderts als Teil einer längst verschwundenen Burganlage. Das alles ist herrlich anzusehen, zu einem Glücksort macht St. Jakobus aber erst sein wunderschönes Innenleben. Kaum hat man die Kirche durch eine niedrige, mit Rundbogen versehene Seitentür betreten, offenbart sich durch ein Schutzgitter das – selbst bei bedecktem Himmel – in warmes Licht getauchte Schatzkästlein mittelalterlicher Fresken: Eine Wandmalerei folgt auf die nächste; hier teils freigelegte romanische (12. Jh.), dort im gotischen Stil übermalte (15. Jh.): Adam und Eva nach dem Sündenfall, Jesu Grablegung oder das weit über die Landesgrenzen hinaus bekannte Dreifaltigkeitsfresko von 1420. Das alles wirkt intensiv, anrührend und beglückend, auch ein wenig geheimnisvoll. Zwei Legenden ranken sich um St. Jakobus. So weiß Kirchenpfleger Geisler von einem kleinen goldenen Kalb zu berichten, das unter der Kirche vergraben liegen soll. Und von einem unterirdischen Tunnel zur drei Kilometer entfernten Wallfahrtskirche St. Salvator ist die Rede. Von beiden fehlt bis heute jede Spur. Mit der wahren Kirchengeschichte am besten vertraut sind die von Stadt und Kirche bestellten Guides Helga Schömmer und Annette Marquard, die man nach Absprache buchen kann. Seine volle Strahlkraft entfaltet dieser Glücksort jedoch beim Gottesdienst, der an jedem zweiten Freitag im Monat um 19 Uhr gefeiert wird. Kirchenschiff und Emporen bieten 50 Menschen Platz. Mehr geht nicht – zum Schutz der Kunstschätze.

TIPP

Nebendran ist Julian's Mesner Stub'n, ein zum Wirtshaus umgebauter Bauernhof aus der Zeit um 1600.

● St. Jakobus, Urschalling 3, 83209 Urschalling. Führungen sind buchbar bei Helga Schömmer (08051-5130) und Annette Marquard (08051-9650689)
● ÖPNV: Buslinie 9505, Haltestelle Urschalling

Bunte Vitaminbomben

38 Gemüsegärtnerei Irmgärtchen in Frasdorf

Wenn sich ein Kopfsalat seinen Standort frei wählen dürfte, würde er sich für das Irmgärtchen entscheiden. Die kleine regionale Bio-Gärtnerei in Laiming, einem Ortsteil von Frasdorf, liegt westlich vom Ortskern auf einem Höhenrücken. Für Insider ist das Frasdorfs Sonnenseite, weil es dort mehr Sonnenstunden gibt als im Tal. Das hat Vorteile: Gerade Gartensalate lieben ja bekanntlich sonnige Plätzchen. Doch nicht nur die, auch Tomaten, Gurken, Paprika, Kürbisse und Bohnen schätzen es licht und kuschelig. Vielleicht trägt auch der wunderschöne Panoramablick von Kampenwand bis Hochries zur Qualität der Gemüsekulturen bei. Die Lage ist jedenfalls so bezaubernd, dass in einem der Wunsch keimen könnte, hier als Nutzpflanze wiedergeboren zu werden. Schöner geht nicht! Allein das zeichnete das Irmgärtchen schon als Glücksort aus, käme da nicht noch eine volle Gefühlsschüppe obendrauf, sobald man den Hofladen betritt. Der liegt direkt neben den Freiland- und Gewächshausflächen, auf denen die nährstoffreichen bunten Vitaminbomben so prächtig wachsen und gedeihen. Kürzere Wege zum Verbraucher gibt's nicht, frischere Ware auch nicht. Immer dienstags und freitags (9-12.30 Uhr, 15-18 Uhr) sowie am Samstag (9–12.30 Uhr) bietet die Gemüsegärtnermeisterin Irmgard Auer mit ihrem Team Kunden an, was die Erde inzwischen hervorgezaubert hat. Dabei wechseln nicht nur Lebensmittel ihren Besitzer, auch neueste Nachrichten aus dem Umland machen die Runde. Man kennt, schätzt und vertraut sich – teils seit Jahren. Spätestens seit 2005, das Jahr, in dem die gelernte Verwaltungsfachangestellte Auer ihren sicheren Job in einer Amtsstube gegen die eigene Gemüsegärtnerei eintauschte. Seither baut sie saisonales Gemüse, Jungpflanzen, Obst und einige Bauerngartenblumen an. Mission grünes Glück sozusagen! Gleichwohl ist die Gemüsegärtnerei ein echter Knochenjob, in Spitzenzeiten zwölf bis 13 Stunden täglich – doch bereut hat Irmgard Auer den Wechsel nie. Sie hat diese Arbeit für ihr Leben gewählt, und es erfüllt sie mit großer Zufriedenheit. Viele nennen das Glück!

TIPP

Gemüse und Obst aus dem Irmgärtchen gibt's jeden Freitag am Priener Marktstand.

● Irmgärtchen Gemüsegärtnerei, Laiming 9, 83112 Frasdorf
www.irmgaertchen.de
● ÖPNV: Bus 9494, Haltestelle Frasdorf Bahnhof

Entschleunigende Momente

39

Kleine Klostersee-Runde bei Kloster Seeon

Dem Münchner Bäckermeister Xaver Distler muss man dankbar sein. Nur weil er das Kloster Seeon vor über 200 Jahren nach dessen Enteignung kaufte, kann man heute eine entschleunigende Glücksrunde um den malerischen Klostersee genießen. Später wurde das ursprünglich benediktinische Inselidyll – mit den beiden weithin sichtbaren Grünspankuppeln der Klosterkirche St. Lambert – durch einen befestigten Damm und eine hölzerne Brücke mit dem Festland verbunden. Zum Glück! Denn es lohnt sich, die mit kulturellen und naturnahen Kostbarkeiten gespickte Klostersee-Runde zu Fuß zu entdecken: gepflasterte und bekieste Wege, einladende Cafés, pittoreske Häuser am Weinberg, darunter ein ehemaliges Schul- und Gästehaus einer herzoglichen Familie, freundlich grüßende Menschenplastiken aus Bronze, im Wind raschelnde Schilfgürtel und schwimmende Seerosenfelder mit weiß-gelben Blütentupfern. An vielen Wegmarken scheint die Zeit regelrecht stehengeblieben zu sein. Nichts bringt die vier Elemente – Licht, Wasser, Luft und Erde – hier aus der Ruhe. Und Eile mutiert zum Fremdwort. Nur wenige Schritte weiter – an der spätgotischen Wallfahrtskirche St. Maria in Bräuhausen vorbei in die Weinbergstraße und dann den leicht ansteigenden Waltenbergweg hinauf – kann die Klostersee-Runde auch richtig romantisch sein. Gleich hinterm Waltenbergstüberl lädt eine von Bäumen gesäumte Bank zum lohnenden Verweilen ein. Von hier hat man einen leicht erhöhten und besonders beseelenden Blick über das Kloster Seeon, die benachbarte Kapelle St. Walburgis, das alte Apothekerhaus und den Klostersee hinweg bis zu den ganz in der Ferne glühenden Chiemgauer Alpen. Auf mal steinigem, mal weichem Grund geht es durch den Wald über die Weinbergstraße Richtung Kloster am moorig-beschilften Ufer entlang, in dem sich besonders seltene Libellenarten im Sonnenlicht verlieren, zurück zum Ausgangspunkt. Nur fünf Kilometer lang ist die Klostersee-Runde. Ach, sie ist einfach schön!

TIPP

Der Heinrich Kirchner-Skulpturenweg überrascht mit den skurril anmutenden Plastiken des Bildhauers.

- Kloster Seeon Kultur- und Bildungszentrum, 83370 Seeon
  www.kloster-seeon.de
- ÖPNV: Buslinie 9522, Haltestelle Seeon Kloster

Glück, das schmeckt

40 BergbauernWagal in Frasdorf und Umgebung

Seit März 2021 ist das Glück mobil. Es rollt auf zwei Rädern zwischen Kampenwand und Wendelstein, füllt vakuumiert Vitrinen und Kühlschrank eines Verkaufswagens und hört auf den Namen Bergbauern-Wagal. Erfunden haben diesen die Jungbäuerinnen Christiane Voggenauer und Rosina Gabriel aus Frasdorf, eine ländlich geprägte Gemeinde rund acht Kilometer vom Chiemsee entfernt. Seit 2018 ist Frasdorf einer von „100 Genussorten Bayerns", die das Bayerische Staatsministerium für Ernährung, Landwirtschaft und Forsten an „Orte mit eigenständiger kulinarischer Tradition" verleiht. Dafür darf sich die 3000-Seelen-Gemeinde vor allem bei ihren Bio-Betrieben und Direktvermarktern bedanken, die gesunde Produkte nachhaltig erzeugen. Zuvorderst der Natur zuliebe, grundsätzlich zum Wohl von Tier und Mensch. Mit ihrem BergbauernWagal – für Christiane und Rosina „Traum" und „Herzensangelegenheit" zugleich – verkaufen sie BIO-Fleisch und BIO-Wurstwaren ihrer Rinder ab Hof, auf Märkten und an ausgewählten Geschäften in der näheren Umgebung Frasdorfs. Inzwischen ergänzt Heumilch-Joghurt von einem Partner-Bergbauernhof das Sortiment. Ihr ganzes Handeln verstehen die Frasdorferinnen als Ausdruck von Wertschätzung für ihre Tiere, die bis zur stressfreien Schlachtung ihr Leben lang im Laufstall, auf der Alm und/oder auf der Weide tiergerecht, mehr noch: zufrieden verbringen. Und das schmeckt man „unseren naturbelassenen, handwerklich hergestellten ehrlichen Lebensmitteln an", wie beide freudestrahlend und mit gewinnender Leidenschaft versichern. Dann fällt noch ein beeindruckender Satz, der die Idee des BergbauernWagal zusammenfasst und das Zeug hat, eine Brücke zwischen Veganern und Fleischessern zu schlagen: „Mia geht's nur guad, wenn's meine Rinder guad geht, und wenn's die Wertschätzung griang, die sie verdienan – vom Anfang bis zum Ende." Wo und wann das fleisch- und wurstgewordene Glück anzutreffen ist, entnimmt man der ständig aktualisierten BergbauernWagal-Webseite und dem monatlichen Newsletter. An guadn!

TIPP

Nach Vereinbarung ist Ab-Hof-Verkauf möglich. Zudem wird regelmäßig eine Bauernhofführung angeboten.

- BergbauernWagal, Unterwildenried 1, 83112 Frasdorf, Tel.: (01 52) 39 52 14 53, www.bergbauernwagal.de.
- ÖPNV: Buslinie 9494 (Mo–Sa, außer an Feiertagen), Haltestelle Bahnhof Frasdorf, dann 3,4 Kilometer Gehweg; Ruftaxi Rosi (www.rosi-mobil.de), Haltestelle 1540 bzw. 1513

Kleine Bergbauernbetriebe
Tierwohl steht bei uns ganz oben
Natur. Nah. Genießen.
BERGBAUERN Wagal
www.bergbauernwagal.de
Wertschätzung für Tier und Natur
es Rindfleisch
Bio
Rinder-
waren - ohne Zusatzstoffe/Nitritpökelsalz - hand
Natur. Nah. Genießen.
BERGBAUERN Wagal

Heilende Bäume

41 Wald-Apotheke in Sachrang

Gibt es etwas Faszinierenderes als den Wald? Dem Bestseller „Das geheime Leben der Bäume“ von Peter Wohlleben, Deutschlands berühmtestem Förster, zufolge eher nicht. Dabei ist seine Botschaft nicht neu: Bäume sind nicht nur Holzlieferanten, Wasserfilter, Sauerstoff- und Schattenspender, sie sind auch bewundernswerte Lebewesen. Vor allem tun sie dem Menschen gut: „Erst unterm Blätterhimmel wird der Mensch zum Menschen“, dichtete schon der Romantiker Ludwig Tieck vor über 200 Jahren und rührte damit die Werbetrommel für den guten alten Waldspaziergang. Dass Bäume auch besondere Heilkräfte besitzen, kann man hingegen von der Heilpraktikerin Dorothea Schwierskott und ihrer „Wald-Apotheke“ erfahren. Auf der gut anderthalbstündigen Führung entlang des Sachranger Baumlehrpfads begibt man sich mit der erfahrenen Naturheilkundigen, die seit 2007 eine Praxis in Aschau betreibt und nebenbei seit vielen Jahren noch Kräuterwanderungen durchs Priental leitet, auf eine ebenso lehr- wie abwechslungsreiche Entdeckungsreise zum eigenen Wohlergehen. Die dafür notwendigen Hilfs-, genauer: Heilmittel stellen die am Wegesrand stehenden Eiben, Linden, Buchen und Eichen sowie 26 weitere Bäume edelherzig bereit. Für jede Baumart hat die sympathische Wald-Apothekerin einen eigenen Steckbrief mit den spezifischen Merkmalen und heilenden Kräften verfasst. Nach und nach verstärkt sich der Eindruck, dass sie in Bäumen wie in einem offenen Buch liest. Vor allem aber sieht man den Wald mit jedem weiteren Schritt und jeder neuen Information mit anderen Augen, so, wie man ihn noch nie zuvor gesehen hat. Doch Doktor Wald hat noch mehr in petto: Denn nicht allein Kräuter, Gräser und Sträucher unterstützen mit ihren Inhaltsstoffen Heilungsprozesse, auch Blüten, Blätter und Rinden von Bäumen bereichern die Naturheilapotheke. Was braucht der Mensch zu seinem Heil? Den Glücksort Wald. Was für ein Pharmakon!

TIPP

Am Treffpunkt der Führung „Wald-Apotheke“ ist der Sachranger Dorfladen, der einen Besuch wert ist.

Dorothea Schwierskott, Kampenwandstraße 16, 83229 Aschau im Chiemgau
www.aschau.de/waldapotheke

Reine Lebensfreude

42 „Zur schönen Aussicht" in Höslwang

Die Gemeinde Höslwang mit ihren 24 Dörfern, Weilern und Einöden ist von solch malerischer Schönheit, wie nur die Natur sie zu erschaffen vermag. Rund zwölf Kilometer vom Chiemsee entfernt, ist sie nicht nur von Seen, Mooren und Hügeln umgeben – für Wanderer, Radler und Schwimmer ein Paradies –, Höslwang ist nachweislich auch der Ort in Deutschland mit den meisten Sonnenstunden im Jahr. Doch damit nicht genug: Der von den Gletschern der letzten Eiszeit geschaffenen Hügellage verdankt das pittoreske Pfarrdorf, das der Gemeinde ihren Namen gab, zudem noch einen der schönsten Aussichtspunkte des nördlichen Chiemgaus. Ein besonders eindrückliches Bild davon kann man sich auf der Sonnenterrasse des Gasthofs „Zur schönen Aussicht" machen, der Anfang des 18. Jahrhunderts erbaut wurde und seit mehr als 150 Jahren von der Familie Gehrlein geführt wird. Dabei grenzt die Terrasse unmittelbar an den weitläufigen Kirchplatz, den die St. Nikolauskirche – ein Kleinod des Rokoko, außen und innen eine Augenweide – mit ihrem barocken Zwiebelturm weithin sichtbar überragt. Von dort gleitet der Blick gen Süden zunächst über Wiesen und Felder hinweg, von schmalen Landstraßen wie Adern durchzogen, gefolgt von der Eggstätt-Hemhofer-Seenplatte, die in Teilen zum ältesten Naturschutzgebiet Bayerns gehört. Vor der Kulisse dunkelgrüner Wälder glitzert der Pelhamer See unterm weiß-blauen Himmel grüßend herüber. Dahinter türmt sich der faltige Horizont auf, den die aneinandergereihten Gipfel der Berchtesgadener und Chiemgauer Berge bilden. Mittendrin die zackige Kampenwand, eines der Wahrzeichen des Chiemgaus. Angesichts dieses zauberhaften Panoramas trifft der Augustinus zugeschriebene Satz „Die Seele nährt sich von dem, woran sie sich erfreut" voll ins Schwarze. Und weil Essen und Trinken bekanntlich Leib und Seele zusammenhalten, ist man auf der Terrasse des traditionellen Wirtshauses goldrichtig. Hier schmecken die nach alter bayerischer Rezeptur servierten Schmankerl gleich noch viel besser.

- Gasthof & Pension „Zur schönen Aussicht", Kirchplatz 9, 83129 Höslwang, Tel.: (0 80 55) 4 83, www.gasthaus-gehrlein.de
- ÖPNV: Buslinie 9492 und 9427, Haltestelle Höslwang; „Rosi", ein ÖPNV-Angebot, das als On-Demand-Service Busfahrten auf Abruf ermöglicht: Tel.: (0 80 31) 40 07 00

Wallfahrtsort für den Frieden

43 Der Friedensgarten in Gstadt am Chiemsee

Oberhalb von Gstadt am Chiemsee, am Ortsausgang Richtung Breitbrunn, befindet sich linker Hand, von der Straße her kaum einsehbar, ein Glücksort, der seinem Namen alle Ehre macht: der Garten des Friedens oder auch schlicht Friedensgarten genannt. Angelegt hat ihn aus Dankbarkeit und den Menschen als Mahnung zum Frieden Nicky Sitaram Nabnis. Den aus Indien stammenden Nabnis hat es nach einer persönlichen Krise und lebensbedrohlichen Krankheit durch einen glücklichen Zufall in seine neue Wirkstätte auf die Fraueninsel verschlagen. Seit 1998 beglückt er die Seminargäste im Kloster Frauenwörth mit seiner ayurvedischen Küche, bietet Wochenendkurse für ayurvedische Ernährung an, ein Wissen, das er auch in vielen Kochbüchern an Interessierte weitergibt. Mit dem Friedensgarten hat er sich für seine Rettung bei den Menschen seiner neuen Heimat Bayern bedankt. Das Grundstück dafür wurde ihm geschenkt, in traumhaft schöner Lage mit tollem Blick auf die Fraueninsel und die Chiemgauer Berge. Bei der Gestaltung des frei zugänglichen Gartens spielten Zahlen eine wichtige Rolle: Die Wegführung etwa läuft einer liegenden Acht entlang, dem mathematischen Zeichen für Unendlichkeit. In einem der Kreise der Acht befindet sich eine Steinpyramide, die stetig an Höhe und Umfang gewinnt. Besucher des Gartens haben neue, teilweise mit Namen oder Datum beschriftete Steine hinzugefügt; auch Ewiglichtkerzen, Engelfiguren und Zettel mit persönlichen Botschaften – Bitten, Wünsche, Danksagungen – finden sich dort. Der zweite Achter-Kreis ist mehrreihig in Form eines Herzens bepflanzt. Verschiedene Obstbäume verteilen sich zudem über den Friedensgarten, 13 an der Zahl, ein Symbol für das Werden und Vergehen, für Abschied und Neubeginn. Auch unterschiedlich große Holzskulpturen schmücken diesen Glücksort. In seiner ganzen Anlage wirkt der Friedensgarten harmonisch, ruhig und ausgeglichen, ein Ort, der zum Nachdenken und zur Selbstbesinnung einlädt. Ein kleiner Wallfahrtsort für alle und jeden – für den Frieden.

- Friedensgarten, 83257 Gstadt
- ÖPNV: Buslinie 9520, Haltestelle Gstadt

Very British!

44 English Corner Shops in Eggstätt

In Eggstätt hat der Brexit keine Chance: Dass das Vereinigte Königreich mit seinen Inseln immer weiter von Europa weg in den Atlantik driftet, lässt den English Corner Shop in der kleinen, nordwestlich vom Chiemsee gelegenen Gemeinde am Hartsee völlig kalt. Nach der Eröffnung im Jahr 2014 prangte lange der Union Jack, wie die Briten ihre Nationalflagge liebevoll nennen, neben dem Eingang von der Wand und signalisierte dem Besucher, was ihn im Laden erwartet: englische Alltagskultur pur. Das Angebot kam bei Einheimischen und Touristen so gut an, dass Inhaberin Alison Walton unlängst im selben Ort noch einen zweiten English Corner Shop eröffnet hat. Beide Läden liegen nur gut hundert Meter auseinander, unterscheiden sich aber beim Sortiment und den Öffnungszeiten erheblich. So hat der ältere Shop in der Obinger Straße nur vormittags auf und bietet auf seinen 18 Quadratmetern Keramik, Heimtextilien, Dekorationsartikel und Taschen an, die überwiegend von englischen Unternehmen stammen. Während der neue, deutlich größere Laden in der Priener Straße – gegenüber der Pfarrkirche St. Georg – nachmittags geöffnet hat und hauptsächlich Lebensmittel und ein wenig Deko führt. In Regalen, auf Tischen, Hockern und Ständern beider Shops findet sich alles, was man als Engländer fern der Heimat doch schmerzlich vermisst. Aber auch Menschen ohne britische Wurzeln entdecken hier überraschend schnell ihr anglophiles Herz. Was es da nicht alles gibt. Allen voran typische Produkte der englischen Küche, darunter Gewürze, Essig, Teesorten, Kekse und – natürlich – die berühmte, zu Lammfleisch kalt servierte Minzsauce. Und Candy, überhaupt Süßigkeiten wie das beliebte Softeis „Flake 99" mit den köstlichen Schokoriegeln und – wenn es draußen kühler wird – mit Puderzucker bestäubte Waffeln am Stiel. An dieser bunten Auswahl wird sich auch künftig nichts ändern. Für die vielen Besucher des English Corner Shop dürfte das „a blessing in disguise" sein, was man wohl am besten mit „Glück im Unglück" übersetzt.

● English Corner Shop, Obinger Straße 14 und Priener Straße 2, 83125 Eggstätt
www.english-corner-shop.de
● ÖPNV: Linie 9511, Haltestelle Eggstätt Kirche

THE SOCK EXCHANGE HOT SHOT

Wie aus dem Bilderbuch

45

Café Malerwinkel in Seebruck

Wer bei Bilderbuchwetter von der Sonnenterrasse des Hotel Restaurants & Cafés Malerwinkel auf die vor ihm liegende Bilderbuchlandschaft blickt, kann die Suche nach dem verlorenen Paradies einstellen. Hier, am nördlichen Chiemseeufer zwischen Gollenshausen und Seebruck, findet man jenen Sehnsuchtsort – inmitten schönster Natur. Das ist kein großes Geheimnis: Schon vor 200 Jahren verließen Münchner Maler ihre dunklen Ateliers, um die Umgebung zu erkunden und Naturlandschaften zu entdecken. Schnell stießen sie dabei auf den Chiemsee, den sie umgehend zu ihrem Malerwinkel erklärten. Überall traf man sie an, standen ihre Staffeleien unter freiem Himmel und fingen mit Farbe und Pinsel ein, was man noch heute von der Sonnenterrasse des Malerwinkels tagtäglich bewundern kann: die Chiemgauer Alpen, davor sanft hügeliges Land mit saftigen Wiesen, vereinzelten Bäumen, auch Weiler und Boote mit aufgeblähten Segeln, die wie bunte Farbtupfer ihre Kreise übers Bayerische Meer ziehen. Alles wie gemalt, wie aus dem Bilderbuch. Künstler trifft man hier heute zwar selten, dafür sind Anni Loh und ihr Team ständig im Einsatz. Seit Jahren führt sie aus Liebe und Leidenschaft ihren Malerwinkel: Hotel, Restaurant und Café. Nicht zu vergessen den lichtdurchfluteten Wintergarten. Doch was zählt das alles, wenn man einen Glücksplatz auf der Sonnenterrasse des Malerwinkels hat: vor atemberaubender Kulisse, von blühenden Rosen umgeben, dazu ein Haferl Kaffee und ein leckeres Stück der hausgemachten Erdbeer-Stracciatella-Torte – eine unschlagbare Kombination. Mehr geht nicht. Oh doch: Nur wenige Stufen zum Ufer hinab, gleich neben dem schmalen Bootssteg, steht ein kleiner, zauberhafter Pavillon (kein Servicebereich!). Darin kann man – außer Hörweite des Cafébetriebs – unter gelben und roten Kletterrosen auch noch die allerletzten Spurenelemente des Alltags ausblenden und in aller Ruhe Kraft schöpfen. Höher kann das Glücksbarometer nicht mehr steigen.

● Café Malerwinkel, Lambach 23, 83358 Seebruck
www.hotel-malerwinkel.de

Bayerns älteste Tür

46

Karolingische Torhalle auf der Fraueninsel

Da führt einfach kein Weg dran vorbei. Im Herzen der Fraueninsel, nur wenige Meter vom Glockenturm des Klosters Frauenchiemsee entfernt, steht ein mächtiger Wachtposten aus ockerfarbenem Tuffstein: die Karolingische Torhalle. Wie die Kulisse aus einem alten Abenteuerfilm sieht das mutmaßlich älteste Gebäude Bayerns aus. Man hat das Gefühl, Sean Connery reite gleich mit seinen tollkühnen Gesellen als Robin Hood durchs Tor, um nach schmerzvoller Trennung seine geliebte Marian aus dem Kloster zu holen, wohin sich die holde Maid zurückgezogen hatte. Die touristische Annäherung an das historische Tor erfordert nur einen geringen Einsatz: vom Schiffsanleger aus ist man in fünf Gehminuten vor Ort. Dann steht man auch schon vor der vermutlich 782 von Bayernherzog Tassilo III. zusammen mit Kloster und Kirche erbauten Torhalle. Ein zweistöckiges Hochgebäude mit gedrungenem Durchlass und Tonnengewölbe, das auf beiden Seiten auf Arkaden von je drei Bögen zu ruhen scheint. Im Osten ein quadratischer Anbau aus demselben Stein, im Westen das gegen Ende des 16. Jahrhunderts hinzugekommene Vikariatshaus mit Sonnenuhr. Die Torhalle bildete ursprünglich den vorgelagerten Eingang zur ansonsten geschlossenen Klosteranlage. Wer also ins Kloster wollte, musste hier durch. Ein massives Nadelöhr, von zwei mit Schwertern bewehrten und behelmten Posten rund um die Uhr bewacht. Die richteten ihre achtsamen Augen auf Händler, Pilger und Adelsleute, die Einlass ins Kloster begehrten. Das alles ist über 1000 Jahre her, doch bis in die Gegenwart ist die Torhalle für beglückende Überraschungen gut: Erst in den 60er-Jahren stieß man bei Restaurierungsarbeiten auf Fresken lebensgroßer Engel, die heute zu den wichtigsten Entdeckungen im süddeutschen Raum zählen. Im Sommer wird das Gebäude für Ausstellungen genutzt. Dann versprühen hier farben- und lebensfrohe Landschaftsbilder der Chiemseemaler reichlich Glück.

- Karolingische Torhalle, 83256 Frauenchiemsee
- ÖPNV: Chiemsee-Schifffahrt, Haltestelle Frauenchiemsee

Wunderwelt der Oberen Alz

47 Bootsfahrt von Seebruck nach Truchtlaching

Der reizendste Weg, der von Seebruck nach Truchtlaching führt, ist mit seinen sechseinhalb Flusskilometern ein echter Glücksfall. Er ist perfekt geeignet für eine Bootsfahrt mit einem Kajak, Kanu, Schlauchboot oder auch Stand-up-Paddel-Board, denn auf diesem Abschnitt der Oberen Alz lauern keine besonderen Gefahren. Im Fachjargon hat man es hier mit einem Zahmwasser zu tun, das gemächlich vor sich hin plätschert und auch für Gelegenheitskapitäne leicht zu handhaben ist. Erst hinter Truchtlaching zeigt die Alz ihr ruppiges Gesicht: Dort nimmt sie Fahrt auf und strömt als Wildwasser der niedrigsten Kategorie bis Altenmarkt durchs Voralpenland. Diese Glücksfahrt beginnt in Seebruck beim Bootsableger in der Haushoferstraße gleich neben dem Minigolfplatz und endet gut zwei Stunden später an der Anlegestelle in Truchtlaching bei der Brücke unweit des Strandbades. Dazwischen schlängelt sich die Obere Alz von ihrem Auslauf am Nordufer des Chiemsees durch eine einmalige und naturnahe Flusslandschaft mit Hügeln und Wiesen, vorbei an weidenüberhangenen Ufern und idyllischen Bauernhöfen. Die wenigen Kilometer zählen mit zu den besterhaltenen natürlichen Flussläufen im ganzen süddeutschen Raum. Hier sieht, hört und spürt man noch die ursprüngliche Kraft und Schönheit von Mutter Natur. Damit das auch so bleibt, sind Bootstouren durchs Landschaftsschutzgebiet Obere Alz zwischen Seebruck und Altenmarkt nur von Juli bis Dezember möglich. Gänzlich verzichten muss man jedoch aufs Anlanden bis Truchtlaching – zum Schutz der sensiblen Ufer, der seltenen Vogelwelt und der im Flusslauf liegenden Schilfinseln, an denen man sanft vorübertreibt. Aber das macht man ja gerne, zumal die vorbeugenden Maßnahmen das unglaublich sinnliche Naturerlebnis nicht mindern, das die Bootsfahrt mit ausgiebigen Glücksdosen goutiert. Ach ja, eins noch: Um den naturreichen und beschaulichen Alz-Trip in seiner ganzen Intensität auszukosten, empfiehlt es sich, die Flussfahrt sommers unter der Woche zu unternehmen.

TIPP

Wer kein Boot hat, kann es in Seebruck inkl. Rücktransport beim Bootsverleih Franz Stocker leihen.

- Ablegestelle Seebruck, Haushoferstraße, 83358 Seebruck am Chiemsee
www.alzflossfahrt.de
- ÖPNV: Buslinie 9520, Haltestelle Landungssteg

Stiller Ort der Weitsicht

48

Aussichtsbank bei Schörging

Es gibt Plätze, da führt kein Schild hin und kein Weg dran vorbei. Plätze, die einem sofort das Gefühl vermitteln, angekommen zu sein, sobald man auf sie trifft. Die einem buchstäblich der Himmel beschert. Wie eine glückliche Fügung. Ein solch seltenes Plätzchen gibt es am Rand von Schörging, einem Ortsteil der Gemeinde Bernau am Chiemsee. Im Schatten und Schutz von zwei hochgewachsenen Laubbäumen – etwas erhöht und abseits von wenigen Höfen, inmitten von Wiesen, Feldern und angrenzenden Wäldern – steht dort eine ganz gewöhnliche Parkbank, wie man sie zu Hunderten in öffentlichen Gartenanlagen findet: drei Sitz- und zwei Rückenbeläge aus braunem Kunststoff, getragen von zwei witterungsbeständigen Betonfüßen, ganz schlicht, ganz einfach. Erst das einzigartige Sichtfeld, das sich nur an diesem Ort und genau an dieser Stelle öffnet, verwandelt diese 0815-Bank in einen echten Glücksort. Von hier aus weidet sich das Auge am malerischen Umland, das sich wie auf einem riesigen Präsentierteller von seinen schönsten Seiten zeigt: Linker Hand etwa thront die 1669 Meter hohe Kampenwand in ihrer ganzen schroffen Breite und zackigen Pracht mit imposantem Gipfelkreuz, dem größten in den bayerischen Alpen. Ein wenig weiter rechts sticht in gut acht Kilometern Entfernung das stolze Schloss Hohenaschau ins Auge, das auf einem 50 Meter emporragenden Felsrücken das unter ihm liegende Aschau im Chiemgau zu bewachen scheint. Während man in nördlicher Richtung nach gut zwei Kilometern das Schloss Wildenwart aus dem 12. Jahrhundert erkennt, hinter dem sich leicht erhöht die Christkönigskirche mit Zwiebelturm und achteckigem Chorraum bequem eingerichtet hat. Das alles, und noch viel mehr Eindrücke lässt dieser besondere Ort zu. Seit Jahr und Tag. Allen Veränderungen der Welt zum Trotz. Da füllt Beständigkeit den voralpinen Raum, reichen sich Ruhe und Gelassenheit scheinbar die Hände. Glücklich, wer dort sitzt, sieht, staunt und jede Anspannung von sich abfallen spürt.

- Schörging, 83233 Bernau am Chiemsee.
Nach Ortsausgangsschild rechts in asphaltierten Weg abbiegen.
Nach 200 Metern Ziel erreicht.
- ÖPNV: Mit Chiemgau-Bahn, Haltestelle Vachendorf

Spannende Zeitreise

49 Archäologischer Rundweg in Seeon-Seebruck

Reisen macht glücklich, eine Zeitreise auch: Vor rund 2000 Jahren war viel los in Seebruck, das seinerzeit nach einem keltischen Ortsgott noch Bedaium hieß. Dort, wo das Wasser des Chiemsees in die Alz fließt, hatten die Römer eine kleine Wehranlage errichtet. Legionäre mit Rüstungen, wie man sie von Asterix und Obelix kennt, beschützten die Flussbrücke, über die ein wichtiger Handelsweg führte. Bedaium entwickelte sich schnell zur bedeutenden Siedlung, war aber auch als Badeort bekannt. Daran hat sich bis heute wenig geändert. Schon vor den Römern lebten Kelten in der Gegend. Beide Kulturen hinterließen viele Spuren, auf die man vor gut 180 Jahren durch einen glücklichen Zufall stieß. Faszinierend: Die Fundstücke umspannen über drei Jahrtausende Menschheitsgeschichte. Die zehn bedeutendsten Fundstätten kann man heute besichtigen. Mit dem Rad oder zu Fuß. Der 27 Kilometer lange und gut beschilderte Archäologische Rundweg verbindet sie miteinander. Beim Römermuseum Bedaium in Seebruck geht die auch landschaftlich abwechslungsreiche Tour los. Sie gewährt tiefe Einblicke in unsere eigene Frühgeschichte. Eine ferne Welt rückt auf einmal ganz nah. Bei der Keltenschanze, der mittelalterlichen Fluchtburg oder der römischen Räucherkammer – entlang der Strecke läuft sich der Zeitreisende mehrfach selbst über den Weg. Am intensivsten ist die Begegnung mit der eigenen Vergangenheit auf dem Keltischen Gehöft Stöffling. Wie ein Überraschungsbesuch bei den eigenen Vorfahren fühlt sich das an. Der Nachbau eines Hofes, wie er um 300 v. Chr. ausgesehen haben könnte, ist von einem Flechtzaun umfriedet. Man betritt ihn durch ein überdachtes Holztor. Dahinter vier Gebäude, eins diente als Wohnung mit Feuerstelle, die anderen als Stall, Werkstatt und Lager. Kelten waren geschickte Handwerker und Holzarbeiter, informiert eine Infotafel. Der Gast vergleicht, damals mit heute, manches rückt näher als gedacht, fühlt sich vertraut an. Wie gesagt, Zeitreisen machen glücklich – schlauer allemal.

TIPP

Ein Besuch des 1988 eröffneten Römermuseums Bedaium ist unbedingt zu empfehlen.

- Römermuseum Bedaium, Römerstraße 3 (an der Kirche), 83358 Seebruck am Chiemsee
  www.roemermuseum-bedaium.byseum.de
- ÖPNV: Buslinie 9520, Haltestelle Seebruck Hotel Post

Lebensgefühl nach Maß

50 Chiemgau Trachten in Bad Endorf

Wenn „Glücklichsein ein Maßanzug ist", wie der Dirigent Karl Böhm einmal sagte, dann sind Maßschneidereien Glücksorte. Und so einen gibt es auch in Bad Endorf, der 8000 Einwohner zählenden und acht Kilometer von Prien entfernt liegenden Marktgemeinde. Lange suchen muss man danach nicht. Er befindet sich im schönsten Haus am Ort, dem mit den beiden putzigen Türmchen über der denkmalgeschützten Fassade. Seit 2014 beherbergt es ein Ladengeschäft mit Schneiderei und umgekehrt, wie man's nimmt. Fast über die ganze Front von Eingangsbereich und Schaufenster prangt dort in grauer Frakturschrift, was darunter in der Auslage farbenfroh zu sehen ist: Chiemgau Trachten. Und der Name hält, was er verspricht, sobald man den Laden betritt. Der nicht allzu große und verwinkelte Verkaufsraum wirkt gemütlich mit unaufdringlichem Charme. An allen Ecken und Enden liegt Ware. Von Kleiderstangen hängen Joppen und Westen, Hosen aus Stoff oder Hirschlederne, natürlich Dirndl über Dirndl, in allen Formen und Farben, Mieder, Blusen, Röcke und Schürzen. In Regalen liegen Hemden und Hüte. An einer Stelle gestapelte Stoffe in bunter Vielfalt, gemustert oder schlicht, daneben allerlei Kurzwaren: Bänder und Borten, Knöpfe und Schnallen. Fast alles, was sich hier dem Kunden so schön gediegen präsentiert, hat Magdalena Lex eingekauft und arrangiert. Die wahre Leidenschaft der gelernten Damen- und Herrenschneiderin kommt aber erst ein paar Meter und Ecken weiter hinten zur vollen Entfaltung. In ihrer Schneiderei. Dort werden nach dem Kauf von Trachtenmode etwaige Änderungen vorgenommen, aber auch notwendige Reparaturen ausgeführt. Auf Wunsch werden Trachtenmonturen nach Maß gefertigt. Das spürt man gleich: Die Schneiderei ist die Herzkammer ihres kreativen Schaffens. Für Magdalena Lex ist Tracht Heimat, Tradition und „a Lebensgfühl". Für Karl Böhm war hingegen klar: „Unglückliche Menschen sind jene, die den Maßanzug eines anderen tragen wollen." Das kann einem bei Chiemgau Trachten nicht passieren.

- Chiemgau Trachten, Bahnhofstraße 26, 83093 Bad Endorf
  www.chiemgautracht.de
- ÖPNV: Buslinie 9414, Haltestelle Bad Endorf Bahnhof

Ein Paradies für Radler

51

Chiemsee Rundweg

In diesem Fall macht es keinen Unterschied, ob rechts oder links herum. Der Chiemsee Rundweg ist und bleibt 59 Kilometer lang. Auch auf den zweiten Blick eine ordentliche Wegstrecke, für die der geneigte Biker aber keinen Muckibuden-gestählten Körper braucht. Selbst für rückenwinderprobte Gelegenheitsradler ist diese Etappe gut zu schaffen. Schließlich muss man die Tour-de-Chiemsee ja nicht unbedingt in durchaus machbaren viereinhalb Stunden bewältigen, man kann den See auch im Locker-flockig-Modus von Sonnenauf- bis -untergang umrunden. Da hat man am Ende auch mehr davon. Immerhin zählt der Chiemsee Rundweg zu den schönsten Radtouren im Bayernland, wenn nicht sogar ganz Deutschlands. Fast auf der gesamten Strecke – lediglich ein kurzer Abschnitt zwischen Winkl bei Grabenstätt und Feldwies verläuft direkt neben der A8, was für Abzüge in der B-Note sorgt – wird dem Radler grandioses 3D-Live-Kino mit unvergesslichen Naturszenen geboten: Traumhaft schöne Panoramablicke auf die Chiemsee-Inseln und Chiemgauer Alpen, kleine Badebuchten (Badesachen nicht vergessen!) und viele weitere Attraktionen reihen sich wie Glücksperlen auf eine Kette. Sollten die Waden unterwegs dennoch den Pedaldienst verweigern, kann man die Fahrt auch jederzeit unter- oder abbrechen. Zum einen führt der Radweg an rund zehn Ortschaften vorbei, in denen es viele einladende Einkehrmöglichkeiten gibt, zum anderen ist die ganze Strecke mit Bushaltestellen der Chiemsee Ringlinie übersät, die den Radsportler von Ende Mai bis Mitte Oktober zum Ausgangspunkt zurückbringt – einschließlich Drahtesel. Und während der Sommersaison besteht in Prien und Chieming sogar noch die Möglichkeit, die Route um die Hälfte zu verkürzen, indem man vom Land aufs Wasser wechselt und gemütlich mit dem Schiff zurückschippert. Spätestens mit dieser dreifachen Absicherung im Gepäck steht der Radltour und dem Boogie-Woogie der Glückshormone nichts mehr im Wege. Aufi geht's!

TIPP

Der Chiemsee Rundweg ist für relaxte Radler, der (teils deckungsgleiche) Chiemsee Radweg für sportliche.

- Chiemsee Rundweg und Chiemsee Radweg sind gut beschildert. Starten kann man überall, z.B. am Strandbad Felden. Radverleihe gibt es rund um den See.

Schönes aus Papier

52 Bindewerk in Prien

Um andere Menschen und sich selbst glücklich zu machen, dafür ist die Buchmanufaktur Bindewerk in Prien genau der richtige Ort. Das zu erkennen, bedarf es nicht mal eines besonderen Näschens. Jeder, der den von Buchbindemeister Arne Katzbichler und Inga Zempel geführten Werksladen mit angeschlossener Werkstatt aufsucht, nimmt sogleich den wunderbar-angenehmen Duft in der Luft wahr, wie ihn nur Papier hervorzuzaubern vermag. Genau deswegen hat vor Jahren ein Berliner Parfümeur mit „Paper Passion" das weltweit erste Parfüm mit Papiergeruch entwickelt. Aber der Besuch im Bindewerk verspricht noch mehr: Wer hierherkommt, der wird mit einem weiteren sinnlichen Erlebnis beschenkt – für die Augen. Während der Öffnungszeiten verwandelt sich der feine Werksladen in eine große Bühne für aufwendige und hochwertige Handwerkskunst. Notiz-, Tage- und Adressbücher haben hier ebenso ihren Auftritt wie Kalender, Fotoalben, Ordner oder Schachteln. Kurzum alles, was die Kür eines Papeterie-Produktensembles auszeichnet. Nur beste Materialien sind dabei im Einsatz: Verarbeitet werden Pappe, Papier und Buchleinen, eigene Buntpapiere neben Fotokarton, von Filz, Holzfurnier und Leder über Zellpappe bis zu Metall. Scharfsichtige Beobachter der Szenerie unterscheiden schnell zwei Geschmackslinien, eine eher puristisch-zweckmäßige und eine äußerst farbenfrohe Musterkollektion. Und das Beste daran: Was dort zu sehen ist, wird vor Ort entworfen und hergestellt. In der Welt der Papeterie eine Seltenheit, denn die druckt billig in Fernost. Im Bindewerk kann man sich von der Qualität direkt überzeugen. Und dem Team sogar bei der Arbeit über die Schulter schauen, weil der Werksladen einen offenen Blick in die Werkstatt erlaubt. Mehr als 4000 Artikel entstehen darin und werden von Prien aus nach ganz Europa, in die USA, ja, bis nach Japan verkauft. Qualität hat eben nicht nur ihren Preis, sie spricht sich auch herum. Dafür weiß man aber, was man im Bindewerk hat. Mindestens einen Glücksort – mit Sternchen.

● Bindewerk in Prien, Hallwanger Straße 4, 83209 Prien am Chiemsee
www.bindewerk.de

Ins Glück segeln

53 Chiemsee-Yachtschule Gollenshausen

Manche Glücksorte können surfen: Eine leichte Brise streichelt den Chiemsee, die Leinen sind los, die Segel wölben sich, und das Boot gleitet durchs Wasser. Man fühlt sich im Einklang mit Wind und Bayerischem Meer. Alle Ängste, alle Sorgen des Alltags lässt man mit jedem Wellenkamm weiter zurück. Schreien könnte man vor Glück. Wer noch nie mit einem Segelboot hinausgefahren ist, kann sich dieses einmalige Wohlgefühl nicht ausmalen. Dabei ist es bis dahin nur ein kleiner Schritt, der über einen Segelkurs führt, in dem man das Segeln von der Pike auf lernt. Im Örtchen Gollenshausen am Nordwestufer des Chiemsees ist das möglich. Hier betreibt Familie Schunck seit über 70 Jahren ihre Chiemsee-Yachtschule Gollenshausen. Das idyllische Bootshaus mit dem Aussichtsturm am Fuß des Hochufers ist hölzerner Zeuge aus der Gründerzeit, in dem heute Zubehör für die Segelschule lagert. Gleich daneben liegt der eigene Hafen mit einer Slipanlage, über die größere Boote mit dem Kran auf einem Schienenwagen ins Wasser gelangen. Und natürlich mit einem langen Steg, auf dem eine kleine, überdachte Hütte steht. Überall liegen Boote – an Land, zum Schutz vor der Witterung mit der Unterseite nach oben gelegt, auf dem See übers Bojenfeld verteilt: links unterschiedlich große Schulboote, rechts die von Liegeplatznutzern, die den Segelschein längst in der Tasche haben. Hier unten am und auf dem See übt der Segelschüler am Nachmittag, was er zuvor in der Schule im Ort gelernt hat: Wende-, Sicherheits-, Anker- oder Hafenmanöver. Ganz solide, aber stets mit ordentlich Segelspaß. Bis zu 30 Schüler finden auf Segelkurs-Klassenfahrt im einladenden Schulhaus mit dem großzügigen Unterrichtsraum Platz. Vollverpflegung inklusive. Während der Hauptferien kann man sich hier auch als Einzelbucher einquartieren. Und am Kursende heißt es dann endlich für Anfänger wie Fortgeschrittene: Leinen los, Segel gehisst und ab ins Glück.

- Chiemsee-Yachtschule Gollenshausen, Mitterstraße 3a, 83257 Gollenshausen
www.cyg.de
- ÖPNV: Buslinie 9520, Haltestelle Gollenshausen

Unter den Wolken

54 Hefter-Alm bei Grassau

Gleich von drei Seiten kann man sich ihr nähern: von Rottau aus in 90, von Marquartstein aus in 60 oder von Strehtrumpf aus in 30 Minuten. Zu Fuß oder mit dem Mountainbike. Alle Zuwege, die man auch als ungeübter Wandervogel leicht schafft, führen zu der auf 1020 Metern Höhe ebenso malerisch wie abgeschieden liegenden Hefter-Alm. Hier oben unter freiem Himmel und in der freundlichen Gesellschaft von Sepp und Irmi Guggenbichler fühlt man sich sofort heimisch. Die beiden Senner bewirtschaften die Alm seit über 30 Jahren, von Mitte Mai bis Mitte Oktober kümmern sie sich um die Tiere der in der Kaltblutpferdezuchtgenossenschaft Traunstein organisierten Bauern, denen die Alm seit vielen Jahrzehnten gehört. Zu den Mitbewohnern, wie die Guggenbichlers ihre Tiere liebevoll nennen, zählen Kühe, Kälber, Pferde und Ziegen, auch Hühner, Kaninchen, Hund und Katzen fehlen nicht. Mitunter lernt man den einen oder anderen Mitbewohner etwas näher kennen, wenn man an einem der rustikalen Tische vor oder neben der Almhütte „a g'scheite Brotzeit" macht. Alles, was man für ein gutes Schlemmermahl braucht, gibt's hier oben: Ob knuspriges Brot, delikater Kuchen oder fluffiger Kaiserschmarrn, ob frische Buttermilch, spritzige Kräuterlimonade oder andere Spezialitäten – alles ist selbstgemacht, vieles stammt aus eigenem Anbau. Und erst der handgemachte Käse, einfach köstlich. Sennerin Irmi Guggenbichler, die auch noch gelernte Käsereifachfrau ist, verarbeitet dafür nur frisch gemolkene Milch. Das schmeckt man! Sensationell! Und spätestens jetzt ist jeder davon überzeugt: Nicht nur Liebe, auch Glück geht durch den Magen. Da fällt der Abschied dann besonders schwer. Doch auch der Abstieg hat etwas zu bieten. Nur wenige Meter hinter der Alm und am Brotbackofenhaus vorbei wird man mit einem wunderschönen Weitblick auf den Chiemsee belohnt, der im Sonnenlicht wie ein unförmiger Swimmingpool im Voralpenland zum Erfrischungsbad ruft.

● Hefter-Alm, 83224 Grassau
www.hefteralm.de. Di-So 10-16 Uhr, Mo ab 15 Uhr geschlossen.
● ÖPNV: Bus 9505, Haltestelle Rottau (lange Tour)

Die Kraft der Weide

55

Insel Schalch im Chiemsee

Der kleinste Glücksort am Chiemsee liegt mittendrin, ist niedlich anzuschauen, hört auf den Namen Schalch und ist eine Insel. Rund 60 Meter vorm Westufer der Fraueninsel ragt der Schalch mit seinem aus Natursteinen gemauerten „Ufer" zirka einen Meter aus dem Wasser heraus und ist eine von sechs Inseln im Bayerischen Meer: Während die beiden größten, Herren- und Fraueninsel, fast schon Synonyme für den Chiemsee sind, tendiert die Bekanntheit der anderen beinahe gegen null. Allenfalls die Krautinsel sagt dem einen oder anderen noch was. Von den zwei No-Names, die 54 Meter bzw. 80 Meter südlich der Krautinsel mit ihren wenigen Quadratmetern und Bäumen nicht groß auffallen, nimmt dagegen kaum einer Notiz. Dieses Schicksal teilt auch der Schalch – zu Unrecht. Um seine gut 22 Meter im Quadrat ranken sich nämlich recht amüsante Geschichten, mit denen er aus der Reihe des kleinen Chiemsee-Archipels tanzt. Zunächst aber ist Schalch ein gemeindefreies Terrain im Landkreis Traunstein, wohingegen alle anderen Inseln zur Gemeinde Chiemsee im Landkreis Rosenheim gehören. Sodann ist er auch keines natürlichen Ursprungs. Vielmehr vermutet man in ihm eine bewusste Aufschüttung, die eine tückische Untiefe an dieser Seestelle markiert, damit vorbeischippernde Boote gefälligst nicht auf Grund laufen. Damit der Schalch seiner warnenden Bestimmung überhaupt erst nachkommen konnte, sollen ihn Maler der Künstlerkolonie auf der Fraueninsel in der ersten Hälfte des letzten Jahrhunderts aus Gründen der besseren Sichtbarkeit mit einer Weide bepflanzt haben. Diese Aktion soll im Rahmen einer überaus freizügigen und rauschenden Party stattgefunden haben, was die noch in derselben Nacht vollzogene Taufe Schalchs auf den Namen „Sahara" ein wenig erklären würde. Für eine Weide habe man sich übrigens entschieden, so heißt es, weil ihr Hauptwirkstoff Salicin ist, der bis heute im Schmerzmittel Aspirin enthalten ist. Na, wenn das einer Glücksinsel nicht würdig ist.

- Insel Schalch, 83256 Frauenchiemsee
- ÖPNV: Chiemsee-Schifffahrt, Haltestelle Frauenchiemsee

Die Bohne ist nicht ohne!

56 montebera Kaffeerösterei in Prien am Chiemsee

In Prien gibt es viel zu entdecken. Etwa das alte Handwerkerviertel mit seinen historischen Häusern. Eines davon steht in der Schulstraße 3, gleich neben dem Marktplatz. Schon an der Biedermeierfassade des zweigeschossigen Gebäudes von 1847 kann man erkennen, welches Handwerk hier einst zu Hause war. Ein imposanter gedrechselter Hirschkopf prangt von der Wand, die persönliche Visitenkarte des Meisters. Der Drechsler ist zwar längst Geschichte, aber Handwerk und Tradition leben bis heute an diesem Ort fort. Erst im Dezember 2017 haben hier Markus Behr und Rasim Mamedov, zwei ehemalige IT-Spezialisten, ihre große Kaffeeleidenschaft mit der Eröffnung der Kaffeerösterei montebera zum Beruf gemacht. Und jener Hirschkopf ist nun ihr Markenzeichen. Wie ein roter Faden zieht sich das Motiv durch ihren Laden (Öffnungszeiten: Do–Fr 9–18 Uhr, Sa 9–13 Uhr) – auf den Fenstern, an den Wänden, selbst auf den Starkpapiertüten mit Aromaventil, in denen sie ihre Kaffeesorten als ganze Bohnen oder frisch gemahlen verkaufen. Im vorderen Teil des Ladens befindet sich der (selbst gezimmerte) gemütliche Verkostungsbereich, im hinteren steht der 850 Kilogramm schwere Trommelröster, der jeden Montag schonend für frischen und säurearmen Nachschub sorgt. Eine handverlesene Auswahl edelster Rohkaffeebohnen lagert da in Jutesäcken, die von Kleinbauern aus aller Welt handgepflückt ihren fairen und nachhaltigen Weg in die Schulstraße gefunden haben. Priener Kostbarkeit, Heimatkaffee oder Chiemsee Komposition – so heißen ihre Mischungen mit regionalem Bezug. Oder ganz schlicht Guatemala, Kenia, Sumatra nach dem Herkunftsland der Bohnen. Das klingt alles so einfach, will aber gelernt sein. Ihre Hausaufgaben haben die beiden Gründer jedenfalls gemacht: Behr verdiente sich seine ersten Sporen bei einer sehr erfahrenen Rösterin in der Hansestadt Stendal, Mamedov ging bei einem Barista-Weltmeister in die Schule. Dass Genuss und Glück eng zusammenhängen, im montebera kann man es live erleben.

● montebera Kaffeerösterei, Schulstraße 3, 83209 Prien am Chiemsee
www.montebera-kaffee.de

Geschenke
nach Maß
Kaffee 250/500g
Designbecher
mehr
KENIA
Costa Rica
SIDAMO
Peru

Schönster Sonnenuntergang

57

Natur-Freischwimmbad Aschau im Chiemgau

Wer sich in der brütenden Hitze langer Sommertage nach einer erfrischenden Abkühlung in einem herkömmlichen Schwimmbecken sehnt, der ist in Aschau an der falschen Adresse. Für derlei Allerweltsangebote hatte die in malerischer Landschaft eingebettete Gemeinde mit dem Charme eines Bergdorfes noch nie etwas übrig. Selbst das Badevergnügen ist hier besonders: im Natur-Freischwimmbad Aschau – seit über 100 Jahren. Wie ein kleiner natürlicher Bergsee liegt das Freibad am Ortsrand zu Füßen des Haindorfer Berges (1123 Meter) mit seinen umwerfenden Aussichtspunkten auf Aschau. Sein grün schimmerndes Nass (Wassertiefe: 1,30 Meter) wird einzig und allein aus dem Grundwasser des Prientals gespeist – 100 Prozent Natur. Altersbedingt erfuhr das Bad vor wenigen Jahren eine wohlüberlegte Frischzellenkur, die es noch einmal so richtig herausgeputzt hat. Auf der einen Seite führt ein flacher Weg langsam ins Wasser, gegenüber ist der Beckenrand mit Holz befestigt und mit Einstiegshilfen versehen. Barrierefrei ist der Zugang auch, Rollstuhlfahrer können beispielsweise allein ins Becken rutschen. Außerdem hat der kleine Bergsee einen Kiesstrand, große Liegewiesen mit Schatten spendenden Bäumen, ein Beachvolleyball-Feld und noch mehr. Für Badespaß ist jedenfalls reichlich gesorgt. Fürs leibliche Wohl auch: Der lichtdurchflutete Kiosk mit gemütlicher Sonnenterrasse hat alles zu bieten, wonach es den knurrenden Bauch und trockenen Hals verlangt. Und wo bleibt das Glück? Ist ebenfalls satt vorhanden: Vom Wasser aus sieht man nämlich nicht nur das Schloss Hohenaschau und die Niederaschauer Pfarrkirche mit ihren Zwillingstürmen, die Badenden werden auch noch mit einem wunderbaren Blick auf die Prientaler Berge und ins Sachranger Tal beschenkt. Vollkommen macht das Glück aber ein Schauspiel, das Monika und Michael Heiler, die das Naturbad 2012 übernommen haben, nur zu gerne mit ihren Gästen teilen: „Bei uns gibt es den schönsten Sonnenuntergang Aschaus." Wer könnte da noch widerstehen?

TIPP

Sicheren Kletterspaß (nur mit Trainer) gibt's gleich nebenan im Chiemgauer Hochseilgarten.

- Natur-Freischwimmbad, Bernauer Straße 44, 83229 Aschau im Chiemgau
www.aschau.de/badeplatz-aschau
- ÖPNV: Buslinie 9502, Haltestelle Aschau Schwimmbad

Ladl mit Herz

58

Tante Emmas Inselladl auf Frauenchiemsee

Die kleine Fraueninsel ist eine große Schatztruhe: Allein mit Frauenwörth, dem ältesten Nonnenkloster Deutschlands, und der Karolingischen Torhalle, einem der ältesten Gebäude Bayerns, wäre sie schon ansehnlich gefüllt. Dabei enthält sie seit dem Frühjahr 2017 eine noch weitaus kostbarere Preziose, die nicht mit Geld aufzuwiegen ist: Tante Emmas Inselladl. Auf knapp 23 Quadratmetern bietet dieses wunderbare Kleinod ganze 1500 Artikel des täglichen Bedarfs, darunter frische Backwaren, Getränke, Obst und Gemüse, Molkereierzeugnisse, Fleisch und Wurst, eben alles, was man so zum Leben braucht – jeder noch so kleine Winkel wurde bestmöglich genutzt, selbst für eine Mini-Kaffeeecke reichte am Ende der Platz. Zwar wird es im Ladl recht eng, sobald sich drei Leute gleichzeitig darin aufhalten, aber gerade das trägt zusätzlich zu seinem besonders einnehmenden Charme bei. Anders gesagt: Je voller, desto doller tritt seine spezielle Eignung als Glücksort zutage. Den sichtbarsten Hinweis liefern immer wieder die Gesichter reiferer Semester, in die er ein geradezu unschuldiges Lächeln zaubert, sobald sie das Inselladl neugierig betreten: Da werden Erinnerungen ans Einkaufen wie zu Kindertagen wach. Seine ganze Ausstrahlung bezieht das kleine Lädchen aber vollends aus seiner bemerkenswerten Vorgeschichte, die im Dezember 2016 als richtige Krise der Insulaner begann: Der letzte Betreiber wollte dichtmachen, weil er schlechterdings nicht auf seine Kosten kam. Doch: die Fraueninsel ohne Lebensmittelladen? Nicht auszudenken! Schließlich war das Ladl stets mehr als nur ein reiner Nahversorger. Bis heute ist er auch die soziale Drehscheibe des Insellebens. Hier trifft man sich, kauft ein und tauscht sich aus. Vier Frauen und ein Mann nahmen daraufhin das Zepter in die Hand, scharten die Inselbewohner hinter sich und überzeugten den Gemeinderat. Wenige Wochen später schmissen sie den Laden mit viel Leidenschaft selbst. Und der Besucher fühlt: Tante Emmas Inselladl ist ein Juwel, ein Ladl mit Herz.

- Tante Emmas Inselladl, Frauenchiemsee 56, 83256 Frauenchiemsee
www.tante-emmas-inselladl.de
- ÖPNV: Chiemsee-Schifffahrt, Haltestelle Frauenchiemsee

Herzlich Willkommen in Tante Emmas Inselladl

Prientaler Kulissenstars

59 „Naturkino“ beim Aschauer Ortsteil Höhenberg

Wer den Luftkurort Aschau und das Bergsteigerdorf Sachrang im Priental besucht, ist bei erfolgreichen Filmstars zu Hause. Beide Orte blicken auf eine fast hundertjährige Kino- und TV-Karriere zurück. In sehr vielen Haupt- und Nebenrollen hat man Aschau und Sachrang schon gesehen, die ganz oder in Teilen im schönen Priental spielen. Publikumslieblinge wie „Der Alte“, „Der Bergdoktor“, „Rosenheim-Cops“, „Die göttliche Sophie“, „Der Bergpfarrer“ oder „Die Pilgerreise nach Padua“ mit Gisela Schneeberger und Herbert Knaup: alles Filme und Serien, die man seit Jahren kennt und die Schloss Hohenaschau, die Kampenwand oder die Sachranger Pfarrkirche populär machten. Für die vielen Fans dieser pittoresken Kulissen hält die Gemeinde Aschau mittlerweile ein spezielles „Naturkino“ unter freiem Himmel bereit, in dem rund um die Uhr ein Best-of der Prientaler Filmstars läuft. Das „Filmtheater“ findet man zwischen dem Aschauer Café Pauli und dem Ortsteil Höhenberg am Wegesrand. Nur eine Sitzbank hat es, bietet höchstens vier Zuschauern Platz und steht unter einer doppelstämmigen Erle mit dichtem Blätterdach und neben einer um 1700 gebauten Feldkapelle. Auf der Leinwand, die ja eben keine ist, sieht man, was eine Infotafel so wunderschön beschreibt: „Im Rücken der Höhenberger Moränenhügel schweift der Blick über die imposante Bergkulisse von Kampen-, Scheiden-, Sonnenwend- und Überhängender Wand hinüber zum Zellerhorn, verfängt sich mittendrin am Schlossberg, um über die barocken Zwillingstürme der Aschauer Pfarrkirche und die hingewürfelten Häuser des geöffneten Prientals zu streifen.“ Wie gebannt verharrt man vor diesem fantastischen Panorama. Vergisst alles um sich herum. Atmet die Weite ganz tief in sich ein, lässt sich mit jeder Minute mehr darauf ein. Und wünscht sich insgeheim: Möge dieser Moment nur niemals enden. Natürlich fällt der Kinovorhang hier nie, auch nicht, wenn man das „Naturkino“ verlässt. Man kann es ja jederzeit wieder besuchen. So ein Glück!

TIPP
Auflistung aller gedrehten Produktionen in Aschau und Sachrang: www.aschau.de/drehort

- „Naturkino“, Höhenbergstraße, 83229 Aschau im Chiemgau
- ÖPNV: Buslinie 9502, Haltestelle Aschau Bernauer Straße

Reinstes Bier-Glück

60

Privatbrauerei Inselbräu auf der Fraueninsel

Als Daniel Hagen und seine Eltern 2006 das Inselbräu gründeten, ging für Frauenchiemsee eine dreihundertjährige Durststrecke zu Ende. Solange mussten die Bierfreunde warten, bis auf dem zweitgrößten Eiland im Bayerischen Meer wieder ein eigenes Bier gebraut wurde. Doch das Warten hat sich gelohnt. Der studierte Braumeister Hagen ist mit ganzem Herzen und großer Leidenschaft bei der Sache. Und das schmeckt man seinen drei Biersorten auch an, die er – je nach Verbrauch – zwei- bis dreimal wöchentlich im Sudhaus braut. Nach vier bis sechs Wochen ist das Bier dann reif für den Ausschank: Das Weißbier gibt's immer, im Winter das etwas stärkere Märzenbier und im Sommer das naturtrübe Zwickel, eine Eigenkreation – unfiltriert, untergärig und altbairisch. Der junge Brauer lässt nur beste ökologische Zutaten in sein Bräu, von dem er im Schnitt und Jahr rund 250 Hektoliter produziert, was 25.000 Liter reinstem Bier-Glück entspricht. Tatsächlich macht Bier glücklich, schon nach dem Konsum kleinster Mengen. Das liegt am Wirkstoff Hordenin, der für Hochgefühle im Oberstübchen sorgt, wie Wissenschaftler der Uni Erlangen-Nürnberg herausgefunden haben. Und dieses Glücksgefühl im Zusammenspiel mit einem Platz an der Sonne auf der fast ums ganze Inselbräu umlaufenden Terrasse ist kaum zu toppen – im Osten fällt der Blick auf die Tausendjährigen Linden, im Süden auf den Campanile, das Wahrzeichen der Fraueninsel und des ganzen Chiemgaus, und im Westen über den See auf die prächtige Alpenkulisse. Wem dann noch der Sinn nach leiblichen Genüssen steht, ist hier ebenfalls gut bedient. Bodenständige bayerische Schmankerl stehen auf der Karte, von der Brotzeit über ein knuspriges Bierbratl (= Schweinebraten) bis zum fangfrischen Chiemseefisch reicht die Auswahl. Ach ja, im Inselbräu wird auch Wein serviert. Der stammt vom Bruder, der Winzer ist und in der Südsteiermark ein eigenes Weingut mit besten Lagen betreibt. Langer Rede kurzer Sinn: Kleine Insel, kleine Brauerei, großes Glück.

TIPP

Das Original Inselbräu Bier gibt's auch in der 1-Liter-Siphonflasche als süffiges Mitbringsel.

- Privatbrauerei Inselbräu, Haus-Nr. 55, 83256 Fraueninsel im Chiemsee
www.inselbraeu-frauenchiemsee.de
- ÖPNV: Chiemsee-Schifffahrt, Haltestelle Frauenchiemsee

Auf Du und Du mit Pauls Ruh

61

Rundweg über die Herreninsel

Auf der Herreninsel einfach mal Ruhe und Stille genießen, das klingt wie ein Widerspruch in sich selbst. Denn mit dem Alten (Augustiner-Chorherrenstift) und Neuen Schloss (Königsschloss Herrenchiemsee) zählt die größte Insel im Chiemsee zu den touristischen Hotspots des ganzen Chiemgaus: Allein das Königsschloss Ludwig II. („Bayerisches Versailles") haben bislang weit über 35 Millionen Besucher besichtigt. Vor allem in der Hauptsaison ist da mächtig was los! Glücklicherweise lässt die etwa 250 Fußballfelder große Herreninsel nicht nur Platz für Jubel, Trubel, Prunk und Heiterkeit: Wer sich kurz nach dem Schiffsanleger links hält und die schnurstracks den Königshäusern oder der Schlosswirtschaft zueilenden Touristenscharen hinter sich lässt, ist schnell und nicht selten alleine unterwegs. Der sieben Kilometer lange und leichte Rundweg führt an Streuobstwiesen vorbei durch eine abwechslungsreiche Waldlandschaft mit großem Rotbuchenbestand, die reich an Flora und Fauna ist. Am östlichen Ufer entlang quert man zunächst die Avenue genannte historische Schlossauffahrtsallee, bevor einen der Weg zum See hinunter in die wunderschöne, romantisch gelegene Bucht Pauls Ruh entführt. Ein Kraftort, der hält, was sein Name verspricht, orchestriert von einem herrlichen Blick über den Chiemsee auf eine beeindruckende Alpenkulisse. Äußeres und inneres Glück gehen hier auf Tuchfühlung. Wer dem Rundweg dann oberhalb des südlichen Steilufers folgt, wird nach circa einem Kilometer von einer zweiten Seelentankstelle begrüßt: Ottos Ruh, ein kleiner Pavillon, der auch zum stillen Verweilen oder stärkenden Picknick verführt und dabei mit landschaftlichen Reizen brilliert. Gen Norden leitet der Fußpfad schließlich zum Schlosskanal und Apollo-Bassin mit freiem Sichtfeld aufs verzaubernde Schloss des Märchenkönigs. Von hier ist es nur noch ein Katzensprung zum Ausgangspunkt. Wer diesen scheut: umdrehen und retour. Sieben glückliche Kilometer sind bereit.

TIPP

Boje 5 ist ein Grillplatz neben der idyllischen Kreuzkapelle (Ende Mai – Mitte September, Do-So ab 17 Uhr).

- Schloss- und Gartenverwaltung Herrenchiemsee, Altes Schloss 3, 83209 Herrenchiemsee, www.herrrenchiemsee.de
- ÖPNV: Chiemsee-Schifffahrt von Prien oder Gstadt

Auszogne und Mongdratzerl

62 Mundartweg in Aschau und anderen Gemeinden

Am Chiemsee macht ein wunderbares Projekt die aufmerksamkeitsstarke Runde: der Mundartweg. Spätestens seit seiner offiziellen Eröffnung im Oktober 2022 ist er in aller Munde – von Einheimischen, Zugereisten und Touristen. Initiiert von Franz Wagner (Lehrer) und Herbert Reiter (Leiter der Tourist Info Aschau), getragen von den Schülern der Franziska Hager Mittelschule in Prien sensibilisiert er für das Kulturgut der regionalen Sprache. Die Idee zündete sofort rund um den Chiemsee. Kaum ausgesprochen, waren auch schon sieben Gemeinden mit Feuereifer an Bord: Bernau, Breitbrunn, Gstadt, Eggstätt, Rimsting sowie Aschau und Prien. Deswegen besteht der Mundartweg nunmehr aus sieben Themenwegen, je einer in den beteiligten Gemeinden: Genuss, bayrische Bräuche, Landwirtschaft, Musik, Feste im Jahreslauf oder Flora und Fauna. Auf rund 60 Schautafeln sind dort abwechslungsreiche Begriffe und Redewendungen aus der Region erklärt, vom Breitbrunner Grafiker Sebastian Huber ebenso liebevoll wie humorvoll illustriert. Die Tafeln sind zudem mit einem QR-Code versehen, über den man mit dem Handy Audiodaten laden kann, die den jeweiligen Begriff zweisprachig – in Mundart und Hochdeutsch – erläutern. Und ganz nebenbei lernt man auch noch entlang der Stationen des Themenwegs die landschaftliche Schönheit und Besonderheit der sieben Chiemgauer Gemeinden kennen. Unterwegs erfährt der Spaziergänger jedenfalls so manches lokale Glücksgefühl. In Aschau etwa, das mitten im Priental und zu Füßen der Kampenwand liegt, verläuft der Mundartweg zum Thema „Genuss“ zwischen dem Parkplatz zur Maisalm am Kohlstattweg und dem Natur-Freischwimmbad Aschau. Dort lernt man beispielsweise, wie sich der Spruch „Ich bin doch ned auf da Brennsuppn dahergschwumma“ in Mundart anhört und was er tatsächlich bedeutet. An den weiteren Stationen stehen die Begriffe „Zwetschgendatschi“, „Auszogne“, „Mongdratzerl“, „Bärndreg“, „Gselchts“ , „Apfekiachal“, „Semmeknedl“, „Schmankerl“ und „Scherzl“ im Vordergrund. Nichts wie hin!

● Mundartweg Aschau, Parkplatz zur Maisalm am Kohlstattweg, 83229 Aschau im Chiemgau, https://mundartweg.bayern

Mund-ART
Aschau
I gang so gern auf d'Kampenwand,
wenn i mit meina Wampn kannt.
Aber i iß so gern vui Schmankerl
und de san ned guad fia mei Wamperl.
Scan mich!
KNOTT
www.knott.de

Kunst zum Verlieben

63 Keramik im Bootshaus auf Frauenchiemsee

Das taubenblaue Bootshaus neben dem großen Garten mit alten Bäumen am Ostufer der Fraueninsel fällt auf. Durch ein Bullauge auf der Stirnseite, das Neugierde weckt, kann man einen diebischen Blick in den Innenraum werfen. Man erkennt nicht viel, erahnt aber genug, um mehr davon sehen zu wollen: die Keramiken von Iris Stoff. Seit über 30 Jahren ist die Künstlerin hier am Werk. Vor allem Fayencen haben es ihr angetan: weiß glasierte und bemalte Kreationen, mit eigenem Stil, eingeritzten Strukturen, aufwendiger und farbenfroher Bemalung. Die Auswahl ist groß, das Angebot reichhaltig: Ess- und Teegeschirr, Wand- und Bodenfliesen, Figuren und Objekte für drinnen und draußen. Ihre ganze Schönheit entfalten die teils filigranen Werke, darunter wahre Glücksspender, aber erst bei genauer Betrachtung und sonnenhellem Licht. Das lässt die Keramikerin überwiegend an warmen Sommertagen hinein, wenn ein reger Publikumsverkehr die Fraueninsel wie das Wasser des Chiemsees umspült. Dann öffnen sich die beiden Flügeltüren des Bootshauses und setzen den Ausstellungsraum mit zum Verlieben schönen Kunst-Stücken öffentlich in Szene. Für die Hausherrin hat der gestalterische Umgang mit den keramischen Massen eine tiefe schöpferische und sinnliche Kraft. Die Inspiration für ihre vielfältigen und vielförmigen Arbeiten holt sie sich mit wachem Blick aus der unmittelbaren Umgebung: dem blumen- und insektenreichen Garten oder von Steinen am schmalen Uferstreifen des Bayerischen Meeres. Alles, was auf sie einwirkt, übt eine energetische Faszination aus, die sich in ihrem Kunstschaffen ausdrückt – und auf den Besucher überspringt. Wer beim Anblick der bunt verzierten Keramiken den innigen Wunsch verspürt, sich selbst in dieser Kunst zu versuchen: Über die Wintermonate teilt die Künstlerin ihr Wissen in Wochenendkursen mit sechs bis sieben Personen. Für diese Lehrzeit ist man auf der Insel im Künstlerhaus „Villa Stradal“ aus dem 18. Jahrhundert untergebracht und versorgt.

- Keramik im Bootshaus, Haus 21a, 83256 Frauenchiemsee
www.keramikbootshaus.de
- ÖPNV: Chiemsee-Schifffahrt, Haltestation Fraueninsel

Genussvolles Handwerk

64

Weinstoeckl Vinothek & Greisslerei

Manchmal küsst das Glück die Zunge. Wer das nicht glaubt, kann in der Vinothek & Greisslerei von Reinhold Grote jederzeit die Probe aufs Exempel machen. Verfehlen kann man sie nicht: Zum einen liegt der an eine Trattoria erinnernde Laden des gebürtigen Österreichers direkt an der Seestraße, die von Priens Ortsmitte zum Hafen führt; zum anderen versprüht der ganze Eingangsbereich mit der kleinen Markise und dem bunt-blumigen Schmuck ein so mediterranes Flair, dass man sich unweigerlich davon angezogen fühlt. Drinnen geht die Charmeoffensive dann noch in die Verlängerung: Bodentiefe Fenster und die indirekte Beleuchtung hinter den Weinregalen sorgen für eine angenehme Lichtstimmung und überaus freundliche Atmosphäre, in der sich jeder gleich willkommen fühlt. Und augenblicklich ist klar, hier stehen Geschmack und Genuss, Speis und Trank im Mittelpunkt. Dazu trägt auch die schlichte Präsentation bei, die die Aufmerksamkeit aufs Wesentliche lenkt: Weine, Edelbrände, Spirituosen und Feinkost. Neben Klassikern wie handgemachte Marmeladen, feine Schokoladen, Essige, Öle und Nudeln finden sich hier seltene Leckereien wie Wurst und Speck vom Wollschwein. Gleichwohl bestimmen vor allem erlesene Rebensäfte aus Österreich, Italien, Spanien, Slowenien und Deutschland das Bild: Rot, Weiß und Rosé. Dass Reinhold Grote vom Fach ist, daraus macht er keinen Hehl. Seit Jahren steht er mit „seinen" Weinmachern – durch die Bank Klein- und Familienbetriebe – in engem Kontakt, kennt ihre Weinberge, Philosophie und Passion. Auch deshalb kommen die Winzer mehrmals im Jahr zu Verkostungen in die Vinothek. Dann erfahren Einheimische und Touristen, Lauf- und Stammkunden die Geschichten hinter den Weinen und viel über Spaß im Glas. Und an jedem zweiten und letzten Juliwochenende ist Buschenschank, die österreichische Variante der Straußwirtschaft mit allerlei Getränken und Kaltspeisen festlich serviert. Dann ist reichlich Glück im Glas und auf dem Teller.

Weinstoeckl Vinothek & Greisslerei, Seestraße 78, 83209 Prien am Chiemsee
www.weinstoeckl.de

weinstoeckl
vinothek & greisslerei
Genussvolles Handwerk
Herzlich Willkommen!
Geöffnet
10:00 Uhr
19:00 Uhr

Karibikflair am Bayernmeer

65 Sonnendeck in Chieming

Wer vom Sonnendeck schwärmt, muss nicht unbedingt auf einem Kreuzfahrtschiff sein, auf dem sich Reisende nahe Pool und Bar die Sonne auf den Leib scheinen lassen. Man muss nicht in die Ferne schweifen, wenn das Gute liegt so nah, beispielsweise am Strand von Chieming. Hier, am Ostufer des Bayerischen Meeres, neben der Grabenstätter Straße und direkt am Chiemsee Radweg, befindet sich ebenfalls ein, nein, das Sonnendeck – Kiosk, Café, Imbiss und Restaurant, alles in einem und alles unter einem Dach. Schnuckelig klein und gemütlich ist es zudem. Vor allem aber begeistert die herrliche Sonnenterrasse, die auf Schiffsplanken ruhend so weit in den Chiemsee hinauszuragen scheint, dass einen unversehens das Gefühl beschleicht, auf einem Schiff der Mein-Schiff-Flotte übers offene Meer zu schippern. Selbst wenn sich dieses leicht-beschwingte „Eine Seefahrt die macht glücklich"-Feeling nicht einstellen sollte, der einmalige Weitblick über Bayerns größten Binnensee ist all-inclusive – ob auf der Terrasse unter freiem Himmel oder im loungemöbeligen Wintergarten bei weit geöffneten Schiebetüren. Wie ein riesiger Teppich liegt der Chiemsee vor dem Sonnendeckbesucher grünlich-blau schimmernd ausgebreitet. Mit einem traumhaft schönen Alpenpanorama im Hintergrund. Und als wären diese Eindrücke nicht schon genug des Guten und Schönen, das umwerfendste und atemberaubendste Spektakel findet erst in den frühen Abendstunden statt: Wenn sich die Sonnenscheibe tief im Westen ganz langsam auf den Weg in ihr nördliches Nachtlager begibt, verwandelt sich der Chiemsee in ein feuriges, rot-orange-farbenes Strahlen- und Lichtermeer. Das kann man vom Logenplatz des Sonnendecks in Echtzeit beobachten. Wem diese volle Dröhnung Romantik zu sehr zu Kopf steigt, der kann sich zur Ausnüchterung ins erfrischende Nass stürzen. Oder man lässt sich am Strand in einem der Sitzsäcke für ein Erholungsschläfchen nieder. Kein Grund also, in die Ferne zu schweifen, karibisches Urlaubsglück gibt's auch hier.

- Sonnendeck Chieming, Grabenstätter Straße 14, 83339 Chieming
www.sonnendeck-chieming.de
- ÖPNV: Buslinie 9520, Haltestelle Chieming Rathaus

SONNENDECK
SONNENDECK
DER KIOSK
WEIN
SEETERRASSE
RESTAURANT
CAFE
KUCHEN
STRAND
www.sonnendeck-chieming.de
HAMBURGERS
MÖVENPICK

Altbayerisches Juwel

66 Museum Hilgerhof in Niederbrunn bei Pittenhart

Der Spruch „Trautes Heim, Glück allein" könnte im Hilgerhof in Niederbrunn seinen Ursprung haben. Das spürt man, sobald man die urgemütliche Stube mit dem Tiroler Kachelofen und dem Herrgottswinkel über der Eckbank des inzwischen als Dokumentations- und Begegnungsstätte genutzten Museums betritt (Öffnungszeiten: April bis Oktober, jeden Sonntag von 14-17.30 Uhr). Im Nu beschleicht den Besucher ein heimeliges Wohlgefühl, das sich mit jedem Blick in eines der wenigen Wohn- und Schlafräume wie eine wärmende Decke um die Schultern kuschelt. Dabei war das um 1724 erbaute Anwesen nicht als Museum geplant, vielmehr verwirklichte der Münchner Versicherungsdirektor Tosso Herz damit seinen Lebenstraum. Jahrelang hatte er nach einem solchen Idyll gesucht, bis er es Anfang der 60er-Jahre fand. „Der Hof war recht, der Zustand schlecht", wie Tosso Herz ein Kapitel in seinem Buch „Der Hilger und sei Sach. Altbayerische Heimatpflege wider den tierischen Ernst" überschrieb. Mit viel Handwerkskunst, Leidenschaft, Geduld und einer Stange Geld hat er den Hilgerhof binnen vier Jahren von Grund auf saniert und wieder zu dem gemacht, was er einmal war: ein stolzer Dreiseithof. So wie früher sieht er jetzt aus und so wie früher wollte Tosso Herz auch darin leben. Mit viel Herzblut und kunstsinnigem Verstand sammelte er jede Menge „Glump", wie er es liebevoll nannte: Geräte, Öfen, Geschirr, Möbel, kurzum: Dinge des täglichen Bedarfs – Hauptsache alt, original und im weitesten Sinne bayerisch. Wer das Museum heute besucht, staunt, was der 1975 mit nur 53 Jahren verstorbene Heimatpflege-Autodidakt in den wenigen Jahren zusammengetragen und hinterlassen hat: ein Schatzkästlein von ungeheurem kulturellen Wert und, ja, ein Glücksort ohnegleichen. Nach seinem Tod erbte der Landkreis Traunstein das denkmalgeschützte Kleinod, bis es 2006 der extra gegründete Kulturverein Hilgerhof unter seine Fittiche nahm. Seither finden hier Feste, Ausstellungen und vieles mehr statt. Tosso Herz hätte das gefallen.

- Museum Hilgerhof, Niederbrunn 12, 83132 Pittenhart
  www.hilgerhof.de
- ÖPNV: Buslinie 9480, Haltestelle Oberbrunn

Knallvergnügte Mode

67

Glückshäuschen in Prien

Es gibt Hexenhäuschen im Märchen, Knusperhäuschen unterm Weihnachtsbaum, Telefonhäuschen in der Erinnerung – und das „Glückshäuschen" in Prien. Wenige Meter vom Bahnhof entfernt grenzt es an die ihm buchstäblich zu Füßen liegende Seestraße. Seit April 2016 ist das „Glückshäuschen", das es schon drei Jahre an anderer Stelle in Prien gab, Treffpunkt für Freundinnen von Röcken in unterschiedlichsten Mustern, Längen, Formen und Farben. Auch ein bunter Reigen aus Jacken, Blusen, Gürteln und Taschen sowie Accessoires erwartet die Besucherin. An meterlangen Kleiderstangen, auf Tischen und Regalen präsentiert sich das Sortiment von seiner besten Seite. Für eine Handvoll Modelle ist sogar ständig Showtime – als Auslage in den großen Schaufenstern. Ob Einheimische oder Touristin, das macht keinen Unterschied: Jede Figur, jeder Typ, jeder Geschmack wird hier fündig – ob schick oder lässig, dick oder dünn, groß oder klein. Dabei sorgt vor allem die Auswahl ausgefallener Wickel- und Wenderöcke für leuchtende Augen. Dank größenverstellbarer Druckknöpfe schmiegen sie sich an alle Körper von der XS- bis zur XXXL-Form. Passt nicht, gibt's nicht. Eine Raffinesse, die selbst Inhaberin Susanne Weyerer bis heute begeistert. Die bekennende Autodidaktin mit dem modischen Gespür ist ständig auf der Suche nach originellen Schnitten und hochwertigen Stoffen. Vor allem tragbar sollen die Textilien sein, die Trägerin nicht in einen bunten Vogel verwandeln, vielmehr harmonisch kleiden. Eine Erwartung, die auch die angebotene Kindermode erfüllt, von der Chefin selbst entworfen. Der Clou: Die Kindersachen wachsen mit. Die farblich abgesetzten Ärmel, Kleider und Beine sind in Sekundenschnelle verlängerbar. Pfiffige Idee. Ebenso clever wie der Name „Glückshäuschen". Damit fing alles an. Nur waren die Glückshäuschen zunächst reine Dekoartikel, liebevoll gestaltete Holzhäuser, selbst gemacht und auf Märkten verkauft. Das ist lange her, aber geben tut es sie immer noch: im „Glückshäuschen".

● Glückshäuschen, Seestraße 5 c, 83209 Prien am Chiemsee
www.susanne-weyerer.de

Nostalgische Seefahrt

68 Große Chiemseetour mit „Ludwig Feßler"

Wer sich auf diesen Glücksort begibt, braucht keine „Mast- und Schotbruch"-Wünsche. Dafür hält er schon zu lange Kurs, seit Frühjahr 1927, um genau zu sein. So lange zieht er – von einer Stilllegung während der Kriegsjahre abgesehen – mit eisernem Rumpf seine Kreise über den Chiemsee: der Salondampfer „Ludwig Feßler". Mit 75 Metern vom Bug bis zum Heck ist er das längste der 14 Schiffe umfassenden Chiemsee-Flotte, die seit fünf Generationen die Familie Feßler betreibt. Noch heute ist ihr historischer Raddampfer mit seiner eleganten Erscheinung ein echter Hingucker: Die seitlichen Schaufelräder, das fensterreiche Steuerhaus, der Schornstein mit den vier Windhutzen – drehbare Trichter, die den bis Anfang der 70er-Jahre mit Kohle befeuerten Dampfkessel mit Frischluft versorgten – wecken nostalgische Gefühle. Auch das erhöhte Promenadendeck und das schöne Ambiente des Salons erzählen von der besonderen Romantik eines Schaufelraddampfers. Viermal täglich geht die „Ludwig Feßler" während des Sommerfahrplans (Mitte Mai bis Mitte September) auf die zweieinhalbstündige Große Chiemseetour. Sie sticht dabei von Prien/Stock, Seebruck und Chieming aus in See und fährt auch die Herren- und Fraueninsel an. Da die Fahrt bei jedem Anleger unterbrochen und mit einem anderen Schiff fortgesetzt werden kann, bieten sich Zwischenstopps für entdeckungsreiche Landgänge geradezu an. In Seebruck etwa finden sich zahlreiche Spuren der alten Römersiedlung Bedaium und auf der Fraueninsel steht das berühmte Benediktinerinnenkloster Frauenwörth parat. Wer lieber ohne Unterbrechung übers Bayerische Meer schippern und sich den leichten Fahrtwind um die Nase wehen lassen will, gewinnt eine recht gute Vorstellung von dem nach Bodensee und Müritz drittgrößten See Deutschlands. Und obendrauf gibt's einen unverstellten Blick auf die Chiemgauer Berge und die reizvollen Uferorte. „Eine Seefahrt, die ist lustig", heißt es in einem Volkslied; diese nostalgische Seefahrt ist vor allem ein tolles Erlebnis.

TIPP

Vom Bahnhof Prien fährt die legendäre Dampfstraßenbahn von 1887 direkt zum Hafen Prien/Stock.

Hafen Prien/Stock, Seestraße 108, 83209 Prien am Chiemsee
www.chiemsee-schifffahrt.de

Zum Niederknien schön

69 Bankerldorf Aschau im Chiemgau

In Aschau gibt es gefühlt die meisten Bankerl, sprich: Bänke, auf der ganzen Welt. Sogar ein Glücksbankerl mit einem dicken Kleeblatt drauf findet man darunter. Doch der Reihe nach: Frische Berg- und Seeluft hat man rund ums Bayerische Meer wahrlich genug. Auch deshalb treffen sich hier aus aller Herren Länder die Freizeitsportler zum aktiven Stelldichein, die für ihre Leibesübungen einen langen Atem brauchen. Die Freunde körperlicher Betätigung wissen nur zu genau, dass ihnen im Chiemgau allenfalls der weiß-blaue Himmel dabei Grenzen setzt. Gerade Radfahrer und Wanderer finden hier alles, wonach sie sich sehnen: eines der größten und best ausgebauten Wegenetze in ganz Deutschland. Entsprechend viel ist darauf los, sobald die Sonnenstunden im Jahresverlauf wieder zunehmen. Doch irgendwann – welch ein Trost – geht auch dem Vitalsten einmal die Puste aus. Exakt für diesen erwartbaren Fall findet man in Aschau im Chiemgau ein besonders breites und vielfältiges, vor allem aber geeignetes Angebot zum ordentlich Durchschnaufen und wieder Zu-Atem-Kommen. Keine Gemeinde um den ganzen Chiemsee herum hält dafür so viele Bankerl bereit wie dieser 6000-Seelen-Ort: Nicht eine, nicht zwei, drei oder vier, nein, auf 470 Sitzbänke bringen sie es hier. Davor kann man nur noch glückstrahlend niederknien! Überall sind sie zu sehen: an jeder Ecke und Hecke, vor jeder Mauer, innerorts und weiter draußen, meistens schnell zu erkennen, manchmal auch ein wenig versteckt. Zudem tragen sie auch noch unglaublich sympathische Namen: „Pauli's Ruh" oder „Tod-und-Deifi-Bank", „Dampferl-Raster" und „Bierfasslbank" heißen sie. Und: „Naschkatzerl-Bank", „Boarische Chill-Liege", „Himmelswiege" und „Crazy-Chair". Dabei macht die ganze Bankerlparade eine richtig gute Figur: Keine sieht wie die andere aus, jedes Bankerl ist anders. Das ist so herrlich anzuschauen, dass man keins von diesen fantasievollen Kunstwerken übersehen möchte. Deshalb Schluss jetzt mit Verschnaufi und wieder Aufi!

TIPP

In der Nähe von Schloss Hohenaschau wartet ein zwei Kilometer langer Entschleunigungsweg mit extra Bankerln.

- Bankerldorf Aschau, 83229 Aschau im Chiemgau
  www.aschau.de/bankerldorf
- ÖPNV: Buslinie 9502, Haltestelle Aschau Bahnhof

zum Ku(h)rpark
79

Im Land der Eiszeitseen

70 Eggstätt-Hemhofer-Seenplatte

Die Urmenschen zwischen Eggstätt und Seeon hatten keine Wahl: Über Tausende von Jahren mussten sie sich richtig warm anziehen. Ausgerechnet in ihrer Gegend hatten sich während der letzten Kältezeit drei Gletscher mit gigantischen Eismassen und Megatonnen mitgeführten Gesteinsschutts zum frostigen Stelldichein verabredet. Vor allem aber verschwanden die unterkühlten Eiszungen erst, als es ihnen zu warm wurde und sie reichlich Schmelzwasser ließen. Zurück blieben viele Hügel und Mulden („Toteislöcher") mit den darin idyllisch eingebetteten Seen. Diese prägen das einzigartige Landschaftsbild nördlich des Chiemsees bis heute. Im Nachhinein war der heftige Klimawandel, der die örtlichen Vorfahren vom Eise befreite, für Einheimische wie Touristen ein echter Glücksfall. Mit ihren mehr als 17 Seen, Teichen, Tümpeln, Mooren und Mischwäldern ist die Eggstätt-Hemhofer-Seenplatte eine der wertvollsten Naturlandschaften Bayerns und ein waschechter Glücksseenort. Und das größte (rund 1000 Hektar) und älteste (seit 1939) Naturschutzgebiet Bayerns ist es obendrein. Viele außergewöhnliche, seltene und vom Aussterben bedrohte Pflanzen- und Tierarten haben in dieser wilden Urwüchsigkeit ihren Rückzugs- und Lebensraum gefunden. Allein 40 verschiedene Libellenarten kann man hier bei ihren lautlosen Flugkünsten beobachten. Darunter die Zierliche Moosjungfer, die man nur noch an ganz wenigen Seen im Chiemgau findet. Auch Überbleibsel aus der Eiszeit wie der Hochmoor-Perlmuttfalter sind mit etwas Glück zu sehen. Abgesehen davon ist die Eggstätt-Hemhofer-Seenplatte wie geschaffen für fitte Genusswanderer, naturverliebte Radler und passionierte Schwimmer. Ein Wegenetz ist vorhanden, Standorttafeln sorgen für gute Orientierung. Und wer eine Runde baden will – am Langbürgner-, Pelhamer- und Hartsee gibt es naturschöne Strandbäder. In allen anderen Seen ist Baden tabu, aber das gehört beim Naturschutz dazu.

- Eggstätt-Hemhofer-Seenplatte, Start Hartsee-Stüberl, Lehrer-Hager-Straße 6, 83125 Eggstätt
- ÖPNV: Buslinie 9480, Haltestelle Eggstätt Kirche

In der ersten Reihe

71 Sitzbank im Kurpark Seebruck

„Glück ist, wenn der Verstand tanzt, das Herz atmet und die Augen lieben.“ Der Schöpfer dieses wunderbaren Satzes ist zwar unbekannt. Gut vorstellbar ist aber, dass bei seiner Entstehung der Luftkurort Seebruck irgendwie seine Finger mit im Spiel hatte. Genauer: der Kurpark von Seebruck, der am Nordende des Chiemsees liegt. Wenn man dieses herrlich grüne Fleckchen Erde nämlich der Länge nach durchschreitet, gelangt man schon binnen weniger Minuten ans Ende der kleinen Halbinsel. Vorbei an der römischen Darre, in der einst Getreide getrocknet, Fleisch und Fisch geräuchert wurde, vorbei auch an dem Vogelbeobachtungsturm und an der Installation „Aus dem Vollen schöpfen“ von Roland Mayer. Eben dort steht, wenige Schritte vom Ufer entfernt, auf der rechten und linken Seite von sich im Wind wiegenden Schilfgürteln gerahmt, eine Parkbank, die sich wahrlich keinen schöneren Platz hätte aussuchen können. Näher kann man dem Bayerischen Meer kaum auf den wässrigen Pelz rücken, ohne nasse Füße zu bekommen. Auf ihr sitzt der Besucher wie bei der ARD in der ersten Reihe. Die gebührenfreie Live-Sendung, die hier vor den Augen des Betrachters abläuft, lässt jedes noch so schillernde wie unterhaltsame Programmangebot der Öffentlich-Rechtlichen vor Neid erblassen. Die imposanten Alpen von Berchtesgaden bis hin zum Wendelstein erklimmen den randlosen Breitbildschirm. Ein Bild so wohltuend schön, dass man sich wie nach einer ausgiebigen Seelenmassage fühlt. Eine deutliche Steigerung erfährt dieser besondere Moment nur noch durch den eindrücklichen Blick über die gesamte Weite des Chiemsees, der einem auf jener Parkbank buchstäblich grünlich-blau plätschernd zu Füßen liegt. Spätestens nach dieser Erfahrung dürfte sich eine Frage für immer und ewig erledigt haben: „Was braucht der Mensch zum Glücklichsein?“ Die Parkbank im Kurpark von Seebruck liefert die erhellende Antwort: Glücklichsein ist keine Glückssache, es ist zuallererst eine Frage des richtigen Ortes.

- Kurpark Seebruck, Römerstraße, 83256 Seebruck
- ÖPNV: Buslinie 9520, Haltestelle Seebruck Hotel Post

Bierhimmel auf Erden

72

Camba Bavaria in Seeon

Am Ortsrand von Seeon steht inmitten des Kreisverkehrs der Altenburger Straße eine skurrile Skulptur von Prof. Heinrich Kirchner. Sie ist meterhoch, hat dürre Beine und reckt den Arm in die Höhe, als wollte sie dem Betrachter bedeuten: „Halte durch! Einen Steinwurf von hier gibt es am Gewerbering etwas richtig Feines für dich." Wer dem Hinweis folgt, wird blitzschnell fündig: Im unspektakulären Gewerbegebiet ist ein Glücksmekka für Freunde erlesenen Bier- und Brotgeschmacks namens Camba Bavaria zu Hause – Brauerei, Ladl, BIO-Bäckerei, Biergarten, Schanktheke in einem (Öffnungszeiten: Mo–Sa 8–19 Uhr). Erst 2008 als kleine, unabhängige Brauerei und Showroom des Brauanlagenherstellers BrauKon in Truchtlaching gestartet, machte sich Camba Bavaria schnell einen Namen, auch über die junge deutsche Craft-Beer-Szene hinaus. Dem konnte sich selbst das Genussmagazin Der Feinschmecker nicht entziehen, das Camba schon 2016 zu den 40 besten Bierlokalen Deutschlands kürte. Noch im selben Jahr wählte Camba aus Platzgründen den benachbarten Ort Seeon als neue Heimat seiner Bierspezialitäten. Seither wird dort voller Leidenschaft gebraut, gebacken und bewirtet, geben sich frisch gezapfte Biere und handgemachte Brote ein ebenso kulinarisches wie gemütliches Stelldichein. Das sieht und spürt man nicht nur, man riecht es auch. Sobald man den Ausschankraum mit seinen Edelstahlbraukesseln nebst offener Bäckerei betritt, umschmeichelt der Duft von Hopfen und Malz, Krume und Kruste die Nase. Die 20 Bierkreationen tragen so vielversprechende Namen wie „Hop Gun", „Midnight Sun" oder „Chiemsee Pale". Brauereiführungen, Bierverkostungen und Events mit Livemusik runden das Angebot dieses Craft-Beer-Paradieses ab. Was dann noch zur Bierseligkeit fehlt, findet sich womöglich im hauseigenen Ladl. Kurzum, Camba ist ein bieriger Glücksort für Genießer, selbst Biertraditionalisten und Brot-Puristen werden dort schwach. Na dann, Prost und guten Appetit!

● Camba Bavaria, Gewerbering 3, 83370 Seeon-Seebruck, www.camba-bavaria.de
● ÖPNV: Buslinie 9522, Haltestelle Seeon Alter Wirt; Buslinie 9520, Haltestelle Seebruck Abzweig Seeon

CAMBA
BrauKon

Eisberg trifft Palme

73 Strandbad in Gollenshausen

Am Chiemsee und um ihn herum gibt es so viele Gewässer und noch mehr Badeplätze, dass selbst etliche ausgedehnte Urlaube im Chiemgau nicht ausreichen würden, alle kennenzulernen. Wohin man seinen Blick auch schweifen lässt – hier blitzt es blau, dort schimmert's grün und manchmal sogar türkis. Kurzum, in dieser Gegend finden Wasserratten und Badenixen ihr Glück am Wasser wie Sand am Meer. Aber einen Badeplatz, an dem kanarische Drachenbäume und Zwergpalmen auf einen schwimmenden Eisberg, den Badende erklimmen können, treffen, den gibt es nur einmal: im Strandbad Gollenshausen am Nordwestufer des Bayerischen Meeres. Auf halber Strecke zwischen Gstadt und Seebruck grenzt es mit seiner großen Liegewiese, direkt neben dem Seehäusl, an den Chiemsee-Rundweg, einem der wohl schönsten Fuß- und Radwege Bayerns. Natürlich hat man von hier aus – wie von vielen anderen Stellen am Chiemsee auch – einen sagenhaft schönen Weitblick über den drittgrößten Binnensee Deutschlands und aufs bayerisch-österreichische Alpenpanorama. Was diesen Naturwasserpool aber von anderen Badeplätzen so angenehm unterscheidet, ist seine besondere Lage. Ausgerollt wie ein grasgrünes flauschiges Badetuch liegt das Strandbad zu Füßen eines langen Höhenrückens, auf dem sich Gollenshausen häuslich niedergelassen hat. Auf gut 20 Höhenmeter bringt es der mit Sträuchern und Bäumen dicht bewachsene Hang, über dem nur noch ein wenig vom spitzbehelmten Turm der Pfarrkirche Gollenshausen zu erkennen ist. Wie ein natürlicher Schutzschirm hält er Schwimmern und Sonnenanbetern alle störenden Alltagsgeräusche und neugierigen Blicke vom Leib. Kein Wunder, dass man in diesem herrlichen Freiluft-Bade-Spa auch Einheimische beim Seele-baumeln-lassen trifft. Und ab und zu wird das kleine Badeidyll einen Sommerabend lang zur Beachpartyzone mit Standbars und Live-Musik. Mit den kanarischen Drachenbäumen und Zwergpalmen fügt sich dann alles zu einem harmonischen Bild. Das ist: Baden im Glück.

TIPP

Neben dem Strandbad liegt das Seehäusl, bekannt für seine fangfrischen Räucherfischgerichte.

- Strandbad Gollenshausen, Am See 8, Gollenshausen, 83257 Gstadt-Gollenshausen
- ÖPNV: Buslinie 9520, Haltestelle Gollenshausen

Treffpunkt mit Gemüse

74 Chieminger Dorfladl in Chieming

Vor knapp zehn Jahren bekam Chieming mit dem kleinen Chieminger Dorfladl von Marille Naglschmidt eine starke Dosis Glück spendiert: ein Nahversorger mit frischen BIO-Lebensmitteln aus der Region. Inzwischen ist das Dorfladl in die Stötthamer Straße umgezogen – und damit näher an die Chieminger Bucht mit dem Dampfersteg gerückt. In dem nun etwas größeren Geschäft, dessen Sortiment eine kulinarische Reise durchs Chiemgau verspricht, ist nach wie vor von Hektik keine Spur. Das mag auch mit dem vom zarten Fliederton getragenen Ladenschild zusammenhängen, von dem eine spürbar beruhigende Wirkung ausgeht. Kaum ist man im Dorfladl, taucht man in eine entschleunigungsfreundliche Atmosphäre ein, wie man sie aus früheren Tante-Emma-Zeiten noch kennt. Natürlich fällt das Angebot auf der überschaubaren Fläche nicht überbordend aus, trotzdem umfasst es alles, was die Saison hergibt und überwiegend aus der Region stammt. Neben Obst und Gemüse, Käse und Brot zählen dazu offene Essige und Öle, Kaffee und Tee, Spirituosen, Winzerweine sowie Geschenkartikel. Nicht zu vergessen die leckeren hausgemachten Kuchen. Obendrein ist hier vieles verpackungsfrei: Gemüse, Obst und Brot sind einzeln zu haben. So kauft man nur das frisch ein, was man auch tatsächlich verbraucht. Außerdem besitzt Marille Naglschmidt eine Gaststättenerlaubnis, was ihr Dorfladl mit seinen gerade einmal 20 Sitzplätzen (im Sommer gibt es weitere auf der Wiese vorm Laden) zum kleinsten Lokal mit warmer Küche im ganzen Chiemgau macht. Womit die Biotheke morgens gefüllt ist, findet sich später auf der Speisekarte: bunter Gemüseeintopf, Schwammerlsuppe oder Kaspressknödel. Hauptsächlich vegetarisch zwar, aber die Leute lieben es. Manche kehren gar zum Mittagessen im Laden ein, andere nehmen ihr Tagesgericht mit nach Hause. Längst hat sich das Chieminger Dorfladl von einer reinen Einkaufsstätte zu einem Ort der Begegnung gewandelt, an dem immer Zeit für ein Pläuschchen ist. Mehr braucht es nicht zum Glücklichsein.

- Chieminger Dorfladl, Stötthamer Straße 7, 83339 Chieming, www.dorfladl.de
- ÖPNV: Buslinie 9520, Haltestelle Chieming Rathaus

Parmesan Öl
100 ml 2,95
Kalamansi Balsam
100 ml 2,85
walnuss öl
100 ml 3,90
Landöl
mit Buttergeschmack
ZUM BACKEN & BRATEN
Erdbeer Maracuja
APERITIF
AUF BALSAMICO BIANCO
Schwarzer Johannisbeer
APERITIF
MIT MERLOT VERFEINERT
OHNE ZUCKERZUSATZ
Pfirsich Maracuja
AUF BALSAMICO BIANCO
OHNE ZUCKERZUSATZ

Schnapserl aus Meisterhand

75 Edelbrandmanufaktur Guggenbichler in Frasdorf

Wenn Johann Guggenbichler inmitten saftiger Streuobstwiesen im Frasdorfer Ortsteil Oberacherting vor seinen Hof tritt, dann ist er sofort in seinem Element. Jeden der rund 160 Obstbäume dort kennt er ganz genau: das Alter, die Sorte, den Ertrag, selbst die individuellen Macken. Manche bringen es leicht auf einhundert, vereinzelte sogar auf über zweihundert Jahresringe. Dabei spricht er von seinen Bäumen so innig wie von nahen Angehörigen. Kein Wunder, liefern sie ihm doch seit Jahren den wertvollen Grundstoff für seine Edelbrände. Johann Guggenbichler ist ausgebildeter Brennmeister, das Schnapsbrennen seine große Leidenschaft, die ihm bereits in die Wiege gelegt wurde. Seit 1829 hat die Familie die Destillationskultur in nunmehr fünfter Generation immer weiter verfeinert. Rund 30 Sorten Obst – bis zu 90 Prozent kommen aus der Region – verarbeitet er jährlich zu Edelbränden, Likören und Geist. Ihr Alkoholgehalt bewegt sich zwischen 40 und 43 Prozent, dann ist das Geruchs- und Geschmackserlebnis am intensivsten. Auch deshalb verwendet Guggenbichler nur vollreifes und handverlesenes Stein-, Kern- oder Beerenobst. Da wird kein Stück verarbeitet, das nicht durch seine Hände gegangen ist. Mehr noch: Vom Pflanzen des Obstbaumes über die Pflege bis zur Ernte, vom Maischen übers Brennen bis zum Verkauf – bei allem geht Johann Guggenbichler mit äußerster Sorgfalt und erfahrungsreicher Geduld vor. Das ist mühevoll, muss aber sein, damit am Ende die Qualität stimmt. Denn die liefert einzig und allein die Natur im Obst, der Brenner muss sie während der Destillation möglichst bewahren. Das erst macht den Meister. Vorzügliche Brände schmeicheln dem Gaumen mit tollem Aromenspiel, sie betäuben nicht mit alkoholischer Wucht. Guggenbichlers Könnerschaft ist längst nicht in aller Munde. Das ist auch nicht sein Ziel, dafür zählen ganz feine Adressen deutscher Gastronomie zu seinen Kunden. Jederzeit ist das von ihm gebrannte Glück direkt auf dem Achertinger Hof zu haben, zweistündige Brennereibesichtigungen mit Verkostung gibt's dort auch.

● Edelbrandmanufaktur Guggenbichler, Oberacherting 1, 83112 Frasdorf
www.edelbrandmanufaktur.com.
Besichtigungen/Verkostungen nach Vereinbarung

Zauber der Harmonie

76 Barocker Innenhof vom Kloster Seeon

Über diesem barocken Innenhof im dezent modernisierten Klostergeviert Seeons liegt ein ganz besonderer Zauber von Ruhe und Geborgenheit, der ansteckend wirkt, sobald man ihn betritt. Vorbei an der alten Klosterkirche St. Lambert mit seinen beiden Zwiebeltürmen und der Klostergaststätte gelangt man durch ein großes Tonnengewölbe in den liebevoll gestalteten Innenhof. Umgeben von historischem Gemäuer taucht der Besucher vollends in die geschichtsträchtige Atmosphäre der ehemaligen Benediktinerabtei ein, die man buchstäblich spüren kann. Ein Springbrunnen bildet das räumliche Zentrum der Gartenanlage, an das vier große mit kugeligen Buchsbäumen und Rosenbeeten flach bepflanzte Grünflächen angrenzen, von schmalen Kieswegen durchzogen, mit hölzernen Sitzbänken bestückt. Ein Ort des Krafttankens, Durchatmens, an dem sich Entspannung und Harmonie einstellen. Und schon steigen Bilder aus längst vergangenen Tagen auf: Mönche, wie sie in dunklen, bodenlangen Kutten mit weiten Kapuzen und Ärmeln durch den widerhallenden Kreuzgang des Klosters wandeln, dabei stets die Grundregeln ihres Ordens beherzigend: ora et labora et lege („bete und arbeite und lies"). Rund 800 Jahre lang war die Abtei für die ganze Gegend von großer kultureller und spiritueller Bedeutung. Ihr guter Ruf zog weite Kreise. Immer wieder verweilten berühmte Zeitgenossen dort, darunter auch Wolfgang Amadeus Mozart. Zwar hinterließ er keine Schokoladenkugeln, dafür aber zwei Kompositionen, die er eigenhändig auf der Orgel der einstigen Klosterkirche („Mozartorgel") für Seeon geschrieben haben soll. Dieses quirlige Treiben endete 1803 abrupt: Das Kloster wurde in ein weltliches Schloss umgewandelt („Säkularisierung"), das Inselidyll durch einen Damm mit dem Festland verbunden. Heute ist das alte Kloster Seeon ein Kultur- und Bildungszentrum. Konzerte, Ausstellungen und Tagungen finden dort statt. Den besonderen Zauber des barocken Innenhofs hat dies alles nicht geschmälert. Ganz im Gegenteil.

- Kloster Seeon Kultur- und Bildungszentrum, 83370 Seeon
  www.kloster-seeon.de
- ÖPNV: Buslinie 9522, Haltestelle Seeon Kloster

Im Reich der Kakteen

77 Chiemgau Kaktus in Pittenhart-Bahnhof

Nordwestlich vom Chiemsee in der Gemeinde Pittenhart gibt es einen merkwürdigen Ort namens Bahnhof. Soweit das Auge reicht, ist dort vieles, nur kein Bahnhof. Lediglich ein Haltepunkt der vom Verein Chiemgauer Lokalbahn betriebenen Museumseisenbahn, die sommers an Sonn- und Feiertagen zwischen Bad Endorf und Obing touristisch verkehrt. Bahnhof ist auch kein Dorf, vielmehr ein Weiler, der aus einer Handvoll Handwerksbetrieben und Hallen besteht. Dazwischen aber wächst und gedeiht seit 2006 ein einzigartiges Paradies, das keinen großen Bahnhof um sich macht: Chiemgau Kaktus. Bis heute haben die Wenigsten im Chiemgau davon einen blassen Schimmer, dabei ist die Kakteengärtnerei von Michael Kießling bei Kunden und Sammlern in ganz Deutschland und Europa, ja, sogar weltweit für seine widerborstigen Pflanzen und Züchtungen bekannt. Auf dem rund 600 Quadratmeter großen Areal mit Gewächshäusern und naturnahem Garten sind Abertausende Kakteen aus allen Kontinenten dieser Erde stachelig-friedlich vereint – darunter echte Raritäten. Vor allem im Mai zur Zeit der Blüte wird man bei Chiemgau Kaktus von einem Meer üppiger Blüten in leuchtenden Farben empfangen. Die riesige Auswahl ist betörend und längst nicht nur für Kakteenfreunde beglückend. Manche Pflanzen sind meterhoch, andere eher kleinwüchsig, es finden sich Sonnenliebhaber und frostharte Kandidaten, mit kurzen und langen Stacheln. Eine Pflanze erinnert sogar – und ist inoffiziell danach benannt – an die Löwenmähne der Queen of Rock 'n' Roll Tina Turner. Welche Sorten sind da nicht zu bestaunen: Der Warzen-Kaktus und die Teufelszunge, beide stammen aus Mexiko, der Igelsäulen-Kaktus aus Arizona, der argentinische Fußball-Kaktus, der reich behaarte Affenschwanz aus Bolivien und der Schrauben-Kaktus, der sich – o Wunder – abhängig von der Nähe zum Nord- oder Südpol rechts- oder linksrum in die Höhe dreht. Kießling, der seine Kakteen in der Gärtnerei und über den Webshop verkauft, lebt in Bahnhof seinen Traum. Das fühlt der Besucher.

- Chiemgau Kaktus, Am Bahnhof 18, 83132 Pittenhart, Tel.: (0 15 20) 3 44 79 82 http://chiemgau-kaktus.de (Öffnungszeiten: April–Oktober)
- ÖPNV: Bürgerbus 9480 (Mo–Fr, außer feiertags), Haltestelle Pittenhart

Wir sind alle Frosthart
göttinger

Legendäres Nesthäkchen

78 Krautinsel im Chiemsee

Inseln gibt es wie Sand am Meer. Doch nur wenige sind in ein solch landschaftliches Meisterstück eingebettet wie die Eilande im Chiemsee. Am bekanntesten sind die beiden größten, Fraueninsel und Herreninsel, sie sind die Besuchermagneten im Bayerischen Meer. Dagegen wirkt die dazwischen liegende unbewohnte Krautinsel beinahe wie eine graue Maus, der man keine weitere Beachtung schenkt. Selbst die Schiffe der Chiemseeflotte machen einen großen Bogen um sie herum. So bleibt dem Nesthäkchen des Inseltrios wenigstens das wuselige Touristengetümmel erspart, von dem ihre beiden großen Schwestern weitgehend leben. Früher soll das nur 366 Meter lange und 171 Meter breite Inselchen einmal der Gemüse- und Kräutergarten der Benediktinerinnen von Frauenwörth gewesen sein, heute wird es während der Sommermonate vor allem von ansässigen Landwirten als Viehweide für ihre Schafe und Kühe genutzt. Ansonsten herrschen dort – welch' glückliche Fügung – ausschließlich kräftige Bäume, saftige Gräser und absolute Ruhe. Mindestens drei verlockende Gründe also, weshalb sich die Krautinsel unter Einheimischen als Glücksort-Geheimtipp herumgesprochen hat. Immer wenn es ihnen zu bunt wird, steuern sie das unscheinbare Nesthäkchen an und haben ihre Ruhe. Inzwischen sieht man an schönen Tagen auch schon den einen oder anderen Stehpaddler, Segler, Ruderer oder Tretbootfahrer für eine kleine Auszeit, zum Picknicken, Sonnen- oder Wasserbaden anlanden. Ganz früher muss es auf der Krautinsel viel wilder zugegangen sein, weiß jedenfalls eine Legende zu berichten. Demnach verabredeten sich dort Mönche der Herren- und Nonnen der Fraueninsel zu ungezügelten Liebesspielen. Als sie aufflogen, folgte die Bestrafung auf dem Fuße: Die Insel wurde zur Fruchtlosigkeit verdonnert, und die Wollüstigen für immer auf den Grund des Chiemsees verbannt. Noch heute erzählt man sich, wenn ein Sturm das Bayerische Meer in Wallung bringt, dass jene Sünderlein mal wieder ihr lustvolles Unwesen treiben. Sachen gibt's!

● Krautinsel, zwischen Frauen- und Herreninsel im Chiemsee

Glückliche Augen

79 Auf der Dammkrone der Tiroler Achen bei Almau

Es gibt Orte, die entschleunigen und beseelen den Glückssucher schon, sobald er sich ihnen nähert. Hat man diese schließlich erreicht, entfalten sie ihre kraftvolle Wirkung umso intensiver. Unweit des Überseer Gemeindeteils Almau, ein Kirchdorf am Südufer des Chiemsees, reihen sich gleich mehrere Orte mit dieser überaus verlockenden Eigenschaft aneinander. Konkret rechts und links von der Stelle, wo die Verbindungsstraße zwischen Almau und Osterbuchberg die Dammkrone überquert, die den hier begradigten größten Chiemseezufluss, die Tiroler Achen, seitlich begleitet. Der entspringt übrigens in den Kitzbühler Alpen und mündet bei Grabenstätt als in Mitteleuropa einzigartiges Binnendelta ins Bayerische Meer. Entlang des Damms, auf dem ein idyllischer Rad- und Wanderweg verläuft, stehen in regelmäßigen Abständen an besonders aussichtsreichen Plätzen Ruhebänke, die zum Verweilen verführen. Darauf thront man, fernab von jeglichem Zivilisationslärm, wie auf einer Schaukanzel, die einen zauberhaften Panoramablick auf die Landschaft vor den Chiemgauer Bergen gewährt. Über Wiesen und Felder hinweg sieht man tief in das sich öffnende Achental hinein. Auf den sattgrünen und umzäunten Weiden grasen hie und da Rinder, dazwischen springen Kälber ausgelassen hin und her. Aus der Mitte der rot leuchtenden Hofdächer Almaus ragt das barocke Türmchen der Filialkirche St. Leonhard hervor, deren erste Erwähnung 925 datiert. Hinterm Kirchdorf zeigen die Gipfel der Chiemgauer Alpen Flagge, darunter Hochplatte, Breitenberg, Reifenberg, Schwarzenberg, Gedererwand und die unübersehbare Kampenwand mit ihrem markanten Hahnenkamm. Bei Föhn jedoch, wenn die Luft besonders rein ist, scheinen die Berge sogar zum Greifen nah. Doch auch ohne warmen Fallwind ist es hier einfach wunderschön – und ganz nebenbei tankt man neue Kraft fürs Leben. Dazu passt ein populärer Vers aus Goethes „Faust" wie die Faust aufs Auge: „Ihr glücklichen Augen, was je ihr gesehn, es sei, wie es wolle, es war doch so schön!"

TIPP

Das Wirtshaus D'Feldwies (Greimelstraße 30, 83236 Übersee) bietet uriges Ambiente und gute Küche.

● Dammkrone Tiroler Achen, Nähe Parkplatz Am Osterbuchberg, 83236 Übersee

Moderne Arche Noah

80 Bärnsee bei Aschau im Chiemgau

Der Bärnsee bei Aschau ist der einzige Glücksort im Chiemgau, der sich nicht so schnell blicken lässt. Man muss schon etwas tun, um den kleinen Moorsee mit seinem schwarzen Wasser vom Höhenberg aus zu entdecken. Zuallererst über den eigenen Schatten springen, falls man eine ängstliche Natur ist. Um den hinter meterhohem Schilf verborgenen Bärnsee ranken sich nämlich geheimnisvolle Geschichten: Einst soll an seiner Stelle ein Nonnenkloster gestanden haben, das unter gewaltigem Donnergetöse verschwand, nachdem sich ein paar der Ordensschwestern danebenbenommen hatten. Zurück blieb der dunkle See, vor dem sich selbst Einheimische fürchteten, so heißt es. Auch dass sich bis heute keine Enten darauf blicken lassen, passt zwar ins finstere Bild, liegt aber eher am darin lebenden Waller. Dem bis zu zwei Meter langen Raubfisch schmecken auch Vögel. Tatsächlich hat maßgeblich der seit 1966 für den Bärnsee geltende Landschaftsschutz zu seiner naturbelassenen Schönheit beigetragen. Damit das auch so bleibt, herrscht striktes Badeverbot, und auch das Betreten der Uferbereiche ist nicht erlaubt. Vom Naturmoorbad unterhalb des Cafés Pauli aus führt ein überwiegend sonniger und streckenweise über Holzbohlen verlaufender Rundweg durch die nahezu unberührte Moorlandschaft. Wie eine Arche Noah beherbergt sie viele gefährdete Tierarten, darunter Schmetterlinge wie den Bläuling, die Schwarze Heidelibelle, Kreuzottern und Eidechsen. Besonders farbenfroh zeigen sich auch die Streuwiesen mit vielen seltenen Pflanzen: Mehlprimel, Fieberklee, Trollblume und Knabenkraut. Auch Spezialisten, die den sauren und kargen Boden vertragen, stehen hier in reicher Zahl: Sonnentau, Torfmoos, Heidekraut und das liebliche Scheidenwollgras mit seinen weißen Blütenhauben. Und wenn der Weg unterhalb des Örtchens Spöck einen unverstellten Blick auf den Bärnsee freigibt, entzückt der mit seinen meterbreiten Schilf- und Seerosengürteln. Dieses Refugium ist eine rare Tankstelle des Lebens.

● Bärnsee (ab Natur-Moorbad), Höhenberg 1, 83229 Aschau im Chiemgau
www.aschau-entdecken.de/wandern-spazieren-am-baernsee-aschau-im-chiemgau
● ÖPNV: Buslinie 9502, Haltestelle Aschau Bernauer Straße

Für unsere Glückskinder!

Bibliografische Informationen der Deutschen Nationalbibliothek
Die Deutsche Nationalbibliothek verzeichnet diese Publikation in der Deutschen Nationalbibliografie; detaillierte bibliografische Daten sind im Internet über http://dnb.d-nb.de abrufbar.

3. Auflage 2023
Konzeption/Satz: Droste Verlag, Düsseldorf
Einbandgestaltung und Illustrationen: Britta Rungwerth, Düsseldorf, unter Verwendung von Bildern von © Fotolia.com: jd - photodesign.de; © iStock: Plociennik Robert
Fotos: Harald Hesse, außer:
S. 13: Johann Huber Anderlbauer; S. 25: Chiemgau Tourismus e.V.; S. 41: Chiemsee Marina GmbH; S. 43: Wagenstaller Mühle; S. 47: Margit Pagany Puppenstube; S. 51: Bayerische Schlösserverwaltung, www.schloesser.bayern.de; S. 69: Stumhofer; S. 71: Prien Marketing GmbH TG; S. 87: BergbauernWagal; S. 111: Bindewerk; S. 131: H. Reiter; S. 133: Georg Wieland; S. 151: Camba Bavaria; S. 157: Guggenbichler

MIX
Papier aus verantwortungsvollen Quellen
FSC® C011279

Druck und Bindung: LUC GmbH, Greven
ISBN 978-3-7700-2498-8

www.droste-verlag.de